Guareschi

Mondo piccolo

IL COMPAGNO DON CAMILLO

con 18 disegni dell'autore

Biblioteca Universale Rizzoli

Proprietà letteraria riservata
© 1963, 1979, 1992 RCS Rizzoli Libri S.p.A., Milano
© 1994 R.C.S. Libri & Grandi Opere S.p.A., Milano
© 1997 RCS Libri S.p.A., Milano

ISBN 88-17-11394-8

prima edizione BUR: ottobre 1979
prima edizione Superbur: gennaio 1992
ottava edizione Superbur Narrativa: giugno 1999

Istruzioni per l'uso

Questo racconto - ultimo, in ordine di tempo, della serie "Mondo Piccolo-Don Camillo" - lo pubblicai a puntate negli ultimi quattordici numeri (annata 1959) di Candido, l'ebdomadario milanese da me fondato nel 1945, e che ebbe una riconosciuta funzione propagandistica nelle importantissime elezioni politiche italiane del 1948, contribuendo validamente alla sconfitta del partito comunista.

Candido non esiste più, deceduto nell'ottobre del 1961, a causa soprattutto del totale disinteresse che gli italiani del miracolo economico e dell'apertura a sinistra hanno per tutto ciò che puzza di anticomunismo.

L'attuale generazione d'italiani è quella dei dritti, degli obiettori di coscienza, degli antinazionalisti, dei negristi ed è cresciuta alla scuola della corruzione politica, del cinema neorealista e della letteratura social-sessuale di sinistra.

Pertanto, più che una generazione, è una degenerazione.

(Com'era bella l'Italia pezzente del 1945!

Ritornavamo dalla lunga fame dei Lager e trovammo l'Italia ridotta a mucchi di macerie.

Ma, fra i mucchi di calcinacci, sotto i quali marcivano le ossa dei nostri morti innocenti, palpitava il vento fresco e pulito della speranza.

Quale differenza fra l'Italia povera del 1945 e la povera Italia miliardaria del 1963!

Tra i grattacieli del miracolo economico, soffia un vento caldo e polveroso che sa di cadavere, di sesso e di fogna.

Nell'Italia miliardaria della dolce vita, morta è ogni speranza in un mondo migliore. Questa è l'Italia che cerca di combinare un orrendo pastrocchio di diavolo e d'Acquasanta, mentre una folta schiera di giovani preti di sinistra (che non somigliano certo a don Camillo) si preparano a benedire, nel nome di Cristo, le rosse bandiere dell'Anticristo.)

Candido non poteva più vivere nella rossa Italia miliardaria e, difatti, morì.

E il racconto che apparve nel 1959 su quel giornale, se è ancora vivo in quanto sono rimasti ben vivi i suoi personaggi, è oggi fuori tempo.

E la sua pur bonaria polemica contro il comunismo può, oggi, essere accettata soltanto inquadrando la vicenda nel tempo in cui nacque.

Il lettore potrebbe, a questo punto, obiettare: "Se il tuo racconto è fuori tempo in quanto la gente ha cambiato parere nei riguardi del comunismo, perché non hai lasciato tranquillo il tuo racconto nella tomba di Candido?"

VI

Perché - rispondo io - esiste ancora una sparuta minoranza che non ha mutato parere nei riguardi del comunismo e dell'URSS, e debbo tenerne conto.

Pertanto, questo mio racconto io intendo dedicarlo ai soldati americani morti in Corea, agli ultimi eroici difensori dell'Occidente assediato. Ai Caduti di Corea, ai superstiti e ai loro cari perché anch'essi non possono aver mutato parere.

E lo dedico ai soldati italiani morti combattendo in Russia e ai sessantatremila che, caduti prigionieri nelle mani dei russi, sono scomparsi negli orrendi Lager sovietici e di essi ancora s'ignora la sorte.

Ad essi è dedicato, in particolare, il capitolo decimo intitolato: Tre fili di frumento.

Questo mio racconto è dedicato anche ai trecento preti emiliani assassinati dai comunisti nei giorni sanguinosi della liberazione, e al defunto Papa Pio XII che fulminò la Scomunica contro il comunismo e i suoi complici.

È dedicato altresì al Primate d'Ungheria, l'indomito Cardinale Mindszenty e all'eroica Chiesa Martire.

A Essi è particolarmente dedicato il capitolo ottavo intitolato: Agente segreto di Cristo.

Mentre intendo dedicare l'ultimo capitolo (Fine di una storia che non finisce mài) al defunto Papa Giovanni XXIII.

E qui (mi si perdoni la debolezza) non solo per le ragioni che tutti conoscono, ma pure per una ragione mia personale.

Nel giugno del '63, tra le dichiarazioni rilasciate ai giornali da personalità di tutto il mondo, apparve quella del signor Auriol, socialista, che fu Presidente della Repubblica Francese quando Papa Roncalli era Nunzio apostolico a Parigi.

A un certo punto, ·il signor Auriol dice testualmente:

"Un giorno, il primo gennaio 1952, ricordandomi le mie dispute col sindaco e col curato del mio Comune, mi inviò come regalo di capodanno il libro di Guareschi Il piccolo mondo di Don Camillo con questa dedica: Al Signor Vincent Auriol, Presidente della Repubblica Francese, per la sua distrazione e il suo diletto spirituale. Firmato: a. J. Roncalli, Nunzio apostolico".

Il don Camillo del 1959 è lo stesso identico don Camillo del 1952 e io ho voluto pubblicare questo racconto - pure se è fuori tempo - per la distrazione e (scusate la prosopopea) il diletto spirituale dei pochi amici che mi sono rimasti in questo squinternato mondo.

L'AUTORE

Roncole-Verdi, 16 agosto 1963

Mondo piccolo
Il compagno Don Camillo

LA FEBBRE DELL'ORO

L'atomica scoppiò verso il mezzogiorno del lunedì, quando arrivarono i giornali.

Uno del paese aveva fatto il colpo al totocalcio vincendo dieci milioni. I giornali precisavano che si trattava di certo Pepito Sbezzeguti: ma in paese non vi era nessun Pepito e nessun Sbezzeguti.

Il gestore della ricevitoria, assediato dal popolo in agitazione, allargò le braccia:

"Sabato c'era mercato e ho venduto un sacco di schedine a dei forestieri. Sarà uno di quelli. Comunque salterà fuori".

Invece non saltò fuori niente di niente, e la gente continuò a tormentarsi perché sentiva che quel Pepito Sbezzeguti era un nome che suonava falso. Passi lo Sbezzeguti: ci poteva essere uno Sbezzeguti tra i forestieri venuti al mercato. Ma un Pepito, no.

Quando uno si chiama Pepito non può partecipare a un mercato di paese dove si trattano granaglie, fieno, bestiame e formaggio grana.

"Per me quello è un nome finto" disse nel corso di una lunga discussione l'oste del Molinetto. "E se uno adopera un nome finto questo significa che non è un forestiero ma uno del paese che non vuol farsi conoscere."

Si trattava di un'argomentazione piuttosto approssimativa: ma fu accolta come la più rigorosamente logica e la gente, disinteressatasi dei forestieri, accentrò la sua attenzione sugli indigeni.

E le ricerche vennero condotte con ferocia, come se si trattasse di trovare non il vincitore d'una lotteria ma un delinquente.

Senza ferocia, ma con indubbio interesse, si occupò della faccenda anche don Camillo. E, poiché gli pareva che il Cristo non vedesse con eccessiva benevolenza questa sua attività di segugio, don Camillo si giustificò:

"Gesù, non è per insana curiosità che io faccio questo, ma come un dovere. Perché merita di essere additato al disprezzo del prossimo chiunque, ricevuto un grande beneficio dalla Divina Provvidenza, lo tenga nascosto".

"Don Camillo," rispose il Cristo "dato e non concesso che la Divina Provvidenza si occupi di totocalcio, ho l'idea che la Divina Provvidenza non abbia bisogno di pubblicità. Inoltre è il fatto in sé che conta: e il fatto è noto in tutti i particolari essenziali: c'è qualcuno che ha vinto al gioco una grossa somma. Perché ti affanni nel voler sapere chi sia quest'uomo fortunato? Interessati piuttosto della gente non favorita dalla fortuna, don Camillo."

Ma don Camillo aveva ormai il chiodino piantato in mezzo al cervello e il mistero del Pepito lo affascinava sempre di più.

Finalmente un lampo illuminò le tenebre.

A don Camillo venne voglia di mettersi a suonare il campanone quando scoperse la chiave di quel nome: seppe resistere alla tentazione di aggrapparsi alla corda della "Geltrude", però non seppe resistere all'altra tentazione. Quella di buttarsi addosso il tabarro e di andare a fare un giretto in paese.

E, arrivato dopo pochi istanti davanti all'officina di Peppone, non seppe neppur resistere alla tentazione di fermarsi e di mettere dentro la testa per dare un salutino al sindaco:

"Buongiorno, compagno Pepito!"

Peppone smise di smartellare e gli piantò addosso due occhi spiritati:

"Cosa vorreste dire, reverendo?"

"Niente: Pepito, in fondo, non è che un diminutivo di Peppone. E poi si dà pure il caso curioso che, anagrammando Pepito Sbezzeguti, salta fuori qualcosa che somiglia stranissimamente a Giuseppe Bottazzi."

Peppone riprese a smartellare tranquillamente.

"Andatelo a raccontare al direttore della *Domenica Quiz*" disse. "Qui non si fanno degli indovinelli; qui si lavora."

Don Camillo scosse il capo:

"Mi dispiace sinceramente che tu non sia il Pepito che ha vinto i dieci milioni".

"Dispiace anche a me" borbottò Peppone. "Se non altro, adesso potrei offrirvene due o tre per convincervi a tornare a casa vostra."

"Non ti preoccupare, Peppone, io i piaceri li faccio gratis" rispose don Camillo andandosene.

Dopo due ore tutto il paese sapeva alla perfezione che cosa fosse un anagramma e non c'era casa dove il povero Pepito Sbezzeguti non venisse spietatamente vivisezionato per vedere se davvero avesse nella pancia il compagno Giuseppe Bottazzi.

La sera stessa ci fu alla Casa del Popolo una riunione straordinaria dello stato maggiore dei rossi.

"Capo," spiegò lo Smilzo prendendo la parola "i reazionari hanno ripreso in pieno la loro tattica propagandistica della calunnia. Il paese è in subbuglio. Ti accusano di essere tu quello che ha vinto i dieci milioni. Bisogna intervenire con energia e inchiodare al muro i diffamatori."

Peppone allargò le braccia: "Dire che uno ha vinto dieci milioni al totocalcio non è una diffamazione" rispose Peppone. "Si diffama una persona accusandola di aver compiuto un atto disonesto. Vincere al totocalcio non è una cosa disonesta."

"Capo," replicò lo Smilzo "la diffamazione politica avviene anche accusando l'avversario di aver commesso un'azione onesta. Quando un'accusa porta del danno al Partito allora è da considerare diffamazione."

"La gente ride alle nostre spalle" aggiunse il Brusco. "Bisogna farla smettere."

"Ci vuole un manifesto!" esclamò il Bigio. "Un manifesto che parli chiaro."

Peppone si strinse nelle spalle. "Va bene, domani ci pensiamo."

Lo Smilzo cavò di saccoccia un foglio:

"Per non darti fastidi lo abbiamo già preparato noi. Se ti va, lo si fa stampare subito e domattina lo appicchiamo".

Lo Smilzo lesse ad alta voce:

"Il sottoscritto Giuseppe Bottazzi dichiara di non aver niente in comune col Pepito Sbezzeguti vincitore dei dieci milioni del totocalcio. È inutile che i reazionari cerchino di calunniarmi identificandomi col neo milionario suddetto: qui di neo c'è soltanto il loro fascismo.

Giuseppe Bottazzi"

Peppone scosse il capo.

"Sì, va bene; però fino a quando non vedo roba stampata non rispondo con roba stampata."

Lo Smilzo non era d'accordo:

"Capo, mi pare che sia sciocco aspettare che uno ci dia una schioppettata per rispondergli con una schioppettata. La regola è di sparare un minuto secondo prima degli altri".

"La regola è quella di sparare una pedata nel sedere a quelli che si occupano dei fatti miei personali. Non ho bisogno di difensori: so difendermi benissimo da solo."

Lo Smilzo si strinse nelle spalle: "Se la prendi così" borbottò "non c'è più niente da dire".

"La prendo così!" urlò Peppone pestando un pugno sul tavolo. "Ognuno per sé e il Partito per tutti!"

Lo stato maggiore se ne andò poco convinto.

"Lasciarsi accusare di aver vinto dieci milioni, per me è un segno di debolezza" osservò lungo la strada lo Smilzo. "Tanto più che c'è la complicazione dell'anagramma."

"Speriamo bene!" sospirò il Bigio.

*   *   *

Dopo le chiacchiere arrivò la roba stampata: il giornale degli agrari pubblicò un trafiletto intitolato: *Gratta il Peppone e troverai il Pepito*. Il paese si spaccò le budella per il gran ridere perché il trafiletto era scritto da uno che ci sapeva fare. Allora lo stato maggiore si riunì alla Casa del Popolo e disse chiaro e tondo che un intervento energico era necessario. "Sta bene", rispose Peppone: "fate stampare il manifesto e appiccicatelo."

Lo Smilzo volò in tipografia e, un'ora dopo, don Camillo riceveva dalle mani del Barchini la primissima bozza.

"È un brutto colpo per il giornale" osservò malinconicamente don Camillo. "Se i milioni li avesse vinti lui si guarderebbe bene dal far stampare una cosa del genere. A meno che non abbia già incassato o fatto incassare la vincita."

"Non si è mosso di qui" lo rassicurò il Barchini. "È sorvegliato da tutto il paese."

Era già tardi e don Camillo andò a letto. Ma alle tre di notte lo vennero a svegliare. Ed era Peppone.

Peppone entrò dalla parte dell'orto e, quando fu nell'andito, stette a spiare attraverso la porta socchiusa. Era agitatissimo.

"Spero che non mi abbia visto nessuno" disse alla fine. "Mi pare sempre di essere spiato."

Don Camillo lo guardò preoccupato.

"Non sei diventato matto, per caso?"

"No: ma ho paura che lo diventerò."

Si sedette e si asciugò il sudore.

"Parlo col prete o con la gazzetta del paese?" si informò Peppone.

"Dipende da quello che vieni a dirmi."

"Vengo per parlare col prete."

"Il prete ti ascolta" disse gravemente don Camillo.

Peppone rigirò un poco il cappello tra le mani poi si confessò: "Reverendo, ho detto una grossa bugia. Pepito Sbezzeguti sono io".

Don Camillo ricevette la bomba atomica proprio sulla cima della testa e rimase qualche minuto senza fiato.

"Dunque, sei tu quello che ha vinto i dieci milioni al totocalcio!" esclamò quando ebbe ritrovato il numero di casa. "E perché non l'hai detto prima?"

"Non l'ho detto neanche adesso perché io sto parlando col prete. A voi deve interessare soltanto la bugia."

Ma a don Camillo interessavano i dieci milioni e, dopo aver guardato con disprezzo Peppone, lo fulminò con roventi parole:

"Vergogna! Un compagno, un proletario che vince dieci milioni! Lasciale fare ai borghesi capitalisti queste porcherie. Un bravo comunista, i quattrini se li deve guadagnare col sudore della fronte".

Peppone sbuffò:

"Reverendo, non ho voglia di scherzare. Non sarà mica un delitto giocare al totocalcio!"

"Non scherzo e non dico che sia un delitto vincere al totocalcio. Affermo semplicemente che un buon comunista non gioca al totocalcio."

"Stupidaggini! Giocano tutti."

"Male. E malissimo nel caso tuo perché tu sei un capo, uno di quelli che debbono guidare la lotta del proletariato. Il totocalcio è una delle più subdole armi inventate dalla borghesia capitalista per difendersi dal proletariato. Un'arma efficacissima e che non costa niente alla borghesia. Anzi le dà dei grossi guadagni. Un buon comunista non aiuta, ma combatte fieramente il totocalcio!"

Peppone scrollò le spalle con stizza.

"Non ti agitare, compagno! Tutto quanto serve a illudere il lavoratore di potersi procurare il benessere con mezzi che non siano la rivoluzione proletaria, è contrario al benessere del popolo e favorevole alla causa dei nemici del popolo! Tu favorendo il totocalcio tradisci la causa del popolo!"

Peppone agitò le braccia:

"Reverendo," gridò "piantiamola di buttare sempre le cose in politica!"

"Compagno! E la rivoluzione proletaria?"

Peppone pestò i piedi.

"Ti capisco, compagno" concluse sorridendo don Camillo. "In fondo hai ragione. Meglio dieci milioni oggi che la rivoluzione proletaria domani."

Don Camillo attizzò il fuoco poi dopo qualche minuto si volse verso Peppone.

"Sei venuto qui per dirmi soltanto che hai vinto i dieci milioni?"

Peppone sudava.

"Come faccio a incassarli senza che nessuno sappia niente?"

"Vai direttamente."

"Non posso, mi sorvegliano. E poi non posso più andare io: domattina esce la dichiarazione."

"Manda uno di tua fiducia."

"Non mi fido di nessuno."

Don Camillo scosse il capo: "Non so cosa dirti".

Peppone gli mise davanti al naso una busta:

"Andate voi, reverendo".

Peppone si alzò e si avviò verso la porta e don Camillo rimase lì a guardare la busta.

Don Camillo partì la mattina stessa e tre giorni dopo era di ritorno. Arrivò che era sera tarda e, prima di entrare in canonica, andò a parlare col Cristo dell'altar maggiore.

Aveva con sé una valigetta che posò sulla balaustra dell'altare e aprì. "Gesù," disse con voce molto severa "questi sono dieci pacchi di cento biglietti da diecimila ciascuno. Totale dieci milioni per Peppone. Io mi permetto di farvi notare semplicemente che quel senza Dio non meritava un premio di questo genere."

"Dillo a quelli del totocalcio" lo consigliò il Cristo.

Don Camillo se ne andò con la sua valigia e, salito al primo piano della canonica, accese e spense tre volte la luce, secondo quanto convenuto con Peppone.

Peppone, che era in vedetta, rispose accendendo e spegnendo due volte la luce della sua camera da letto.

Arrivò in canonica dopo due ore, intabarrato fino agli occhi. Entrò dalla parte dell'orto, sbarrò la porta col catenaccio.

"E allora?" domandò a don Camillo che aspettava in tinello.

Don Camillo si limitò a fargli un cenno per indicargli la valigetta che stava sulla tavola.

Peppone si appressò e con mani tremanti aperse la valigetta.

Vedendo i pacchi di banconote gli si riempì la fronte di sudore.

"Dieci milioni?" sussurrò.

"Dieci milioni: puoi contarli."

"No, no!"

Continuò a guardare i pacchi di banconote, come affascinato.

"Certo" sospirò don Camillo: "dieci milioni sono un bel malloppo, oggi come oggi. Però cosa saranno domani? Basta una notizia preoccupante per distruggere il valore del denaro, e fare di questi quattrini un mucchio di cartaccia."

"Bisognerebbe investirli subito" disse Peppone con un po' d'ansia. "Con dieci milioni si può comprare un discreto podere. La terra è sempre terra..."

" 'La terra ai contadini' dice il comunismo. Non 'la terra ai fabbri'. Ti porteranno via tutto. Il comunismo è destinato a trionfare. Il mondo va a sinistra, caro compagno..."

Peppone continuava a guardare le banconote.

"Oro" disse. "Bisognerebbe comprare dell'oro. Quello lo si può nascondere."

"E poi, quando l'hai nascosto cosa ne fai? Se viene il comunismo tutto è razionato e statizzato e l'oro lo devi lasciare dov'è perché non puoi comprare niente."

"E mandarlo all'estero?"

"Ohibò! Come un capitalista qualsiasi! E poi bisognerebbe portarlo in America perché l'Europa è destinata a diventare tutta comunista. E poi anche l'America, rimasta isolata, dovrà capitolare davanti all'Unione Sovietica."

"L'America è forte" disse Peppone. "In America non ci arriveranno mai."

"Non si sa: l'avvenire è nelle mani della Russia, compagno."

Peppone sospirò poi si mise a sedere:

"Mi gira la testa, reverendo. Dieci milioni!"

"Pigliati su la merce e portatela a casa. Però rimandami la valigia. Quella è mia."

Peppone si alzò:

"No, reverendo! Per favore, tenete voi tutto. Ne parliamo domani. Adesso non capisco più niente".

Peppone se ne andò e don Camillo presa la valigia salì al primo piano e si buttò nel letto.

Era stanco morto ma non riuscì a dormire molto perché, alle due di notte, lo svegliarono e dovette scendere. Erano Peppone e sua moglie tutti imbacuccati.

"Reverendo," spiegò Peppone "cercate di capirmi... Mia moglie vorrebbe vedere come sono fatti dieci milioni..."

Don Camillo andò a prendere la valigia e la pose di nuovo sulla tavola.

La moglie di Peppone appena vide le banconote, impallidì. Don Camillo aspettò pazientemente che lo spettacolo fosse finito. Poi richiuse la valigia e andò ad accompagnare alla porta Peppone e la donna:

"Cercate di dormire" disse don Camillo.

Tornò a letto, ma, alle tre del mattino, dovette scendere ancora.

E ancora si trovò davanti Peppone.

"Be'? Non è ancora finito il pellegrinaggio?"

Peppone allargò le braccia: "Reverendo, sono venuto a prendere la valigia".

"Adesso? Neanche per sogno: l'ho già nascosta in solaio e sta' sicuro che non salgo a prenderla. Vieni domani. Ho sonno e ho freddo... Forse non ti fidi?"

"Non è questione di fidarsi. Mettete il caso che, si fa per dire, vi venga un accidente qualsiasi... Come faccio a dimostrare che quei soldi sono miei?"

"Vai a letto tranquillo: la valigia è sigillata e c'è scritto il tuo nome. Io penso a tutto."

"Capisco, reverendo... Comunque è meglio che i soldi siano in casa mia."

Don Camillo avvertì un tono di voce che non gli piacque. E allora cambiò improvvisamente tono anche lui.

"Di che soldi parli?" domandò.

"Dei miei! Di quelli che siete andato a ritirare per me a Roma."

"Tu sei pazzo, Peppone. Tu sogni. Io non ho mai ritirato soldi tuoi!"

"La schedina era mia!" ansimò Peppone. "Pepito Sbezzeguti sono io!"

"Ma se c'è stampato su tutti i muri che non sei tu. La dichiarazione è tua!"

"Sono io! Pepito Sbezzeguti è l'anagramma di Giuseppe Bottazzi."

"Niente affatto: Pepito Sbezzeguti è l'anagramma di Giuseppe Bottezzi. Tu ti chiami Bottazzi, non Bottezzi. Mio zio si chiama Giuseppe Bottezzi; io ho ritirato la schedina per lui."

Peppone scrisse con mano tremante Pepito Sbezzeguti sul margine del giornale disteso sul tavolo, poi scrisse il suo nome e controllò:

"Maledizione!" urlò "ho messo una E al posto della A! Ma i soldi sono miei!"

Don Camillo si avviò lungo la scala per tornare a letto e Peppone lo seguì, sempre insistendo che i soldi erano suoi.

"Non agitarti, compagno" lo ammonì don Camillo entrando nella camera e mettendosi a letto. "Io i dieci milioni non me li mangerò. Li userò per la tua causa, per la causa del popolo, distribuendoli ai poveretti."

"Al diavolo i poveretti!" urlò fuori di sé Peppone.

"Porco reazionario!" esclamò don Camillo accomodandosi tra le coltri. "Vattene e lasciami dormire."

"Datemi i miei soldi o vi ammazzo come un cane!" urlò Peppone.

"Pigliati la tua porcheria e vattene!" borbottò don Camillo senza voltarsi.

La valigia era lì sul comò. Peppone l'agguantò e nascostala sotto il mantello scappò via.

Don Camillo lo udì sbattere la porta dell'andito e sospirò.

"Gesù" disse severamente. "Perché farlo vincere, rovinargli la vita? Quel poveretto non meritava una punizione simile!"

"Prima mi rimproveri perché quel danaro è un premio non meritato, adesso mi rimproveri perché quel danaro è una punizione ingiusta... Evidentemente non ne azzecco più una con te, don Camillo" rispose il Cristo.

"Gesù, non parlo con voi, parlo col totocalcio" precisò don Camillo prendendo finalmente sonno.

IL RICATTO

"Signore," disse don Camillo "egli ha esagerato e io lo distruggerò."

"Don Camillo," rispose il Cristo crocifisso "ha esagerato anche chi mi ha messo in croce, ma io ho perdonato."

"Chi vi ha messo in croce non sapeva cosa si facesse: Peppone lo sapeva perfettamente e la sua malafede non ha diritto a nessuna pietà."

"Don Camillo," s'informò sorridendo il Cristo "non trovi che, da quando è diventato senatore, tu sia particolarmente severo, nei riguardi di Peppone?"

Don Camillo, crudelmente colpito dalle parole del Cristo, non riuscì a nascondere la propria amarezza:

"Signore," esclamò "non parlereste certo così, se voi mi conosceste!"

"Ti conosco" affermò con un sospiro il Cristo.

Don Camillo possedeva il senso della discrezione: si segnò accennando a un inchino e scivolò via.

Ma, fuori, una nuova amarezza l'attendeva perché qualche sciagurato aveva appena finito d'appiccicare, proprio a fianco della porta della canonica, un esemplare del manifesto che era all'origine del furore di don Camillo e che riportava a galla una storia vecchia di almeno due anni.

*   *   *

In una malinconica sera d'inverno, mentre don Camillo stava per andarsene a letto, qualcuno aveva bussato alla porta della canonica. Si trattava di Peppone ma si stentava a riconoscerlo tanto era sconvolto.

Don Camillo lo fece sedere e gli allungò un bicchiere di vino che il poveraccio mandò giù in un fiato. Ma ce ne vollero altri due per sbloccargli la lingua. Finalmente, Peppone ansimò: "Non ce la faccio più".

Peppone trasse di sotto il tabarro un pacchetto avvolto in carta da giornale e lo depose sulla tavola.

"Da quando ho questa roba in casa" disse con tristezza "non riesco più a dormire."

Si trattava dei famosi dieci milioni del totocalcio e don Camillo rispose:

"Depositi i quattrini in una banca".

Peppone sghignazzò:

"Lei scherza. Un sindaco comunista che versa improvvisamente sul suo conto corrente dieci milioni di cui non può dimostrare la provenienza!"

"Li cambi in marenghi d'oro e li seppellisca da qualche parte."

"Non fruttano."

Don Camillo aveva sonno, ma la sua riserva di pazienza non era ancora esaurita.

"Compagno" disse pacatamente. "Vediamo di sbrigarcela: cosa cerca ancora da me?"

Peppone si sbottonò:

"Reverendo, quel famoso commendatore che amministra così bene i quattrini che gli affidano..."

"Non lo conosco" affermò don Camillo.

"Lo deve conoscere. È uno dei vostri. Uno che si serve dei preti come intermediari e poi si disobbliga regalando chiese, conventi, oratori e via discorrendo."

"So chi è ma non sono mai stato in contatto con lui."

"Reverendo, può mettersi in contatto quando vuole. Il parroco di Torricella è uno dei suoi agenti."

Don Camillo tentennò malinconicamente il capo:

"Compagno," disse "Dio ti ha allungato un dito, perché vuoi afferrargli la mano?"

"Reverendo, Dio non c'entra. La fortuna mi ha aiutato e, adesso, ho un capitale da mettere a frutto."

"Allora è semplice: vada dal parroco di Torricella, e si faccia presentare al commendatore."

"Non è possibile. Sono troppo conosciuto: se qualcuno mi vedesse bazzicare attorno alla canonica di Torricella o attorno al palazzo del commendatore sarei rovinato. Figuriamoci! I comunisti che finanziano i clericali! Se io do i quattrini rimanendo ignoto, è una semplice questione economica. Se li do come comunista noto, diventa una questione politica."

La faccenda del famoso commendatore che dava interessi del cinquanta o sessanta per cento e regalava conventi, chiese, oratori, cappelle eccetera, non aveva mai convinto don Camillo. D'altra parte il parroco di Torricella era un vecchio galantuomo e se la sua parrocchia possedeva un cinema, un campo di gioco e una piscina in grado di controbilanciare tutte le diavolerie che i rossi avevano organizzato per attirare i giovani, ciò era dovuto al famoso commendatore. Don Camillo non si sbilanciò.

"Io non voglio entrarci" concluse. "Domani sera a quest'ora le farò trovare qui il parroco di Torricella. Io me ne andrò a letto e voi vi arrangerete."

La sera seguente, Peppone incontrò, nel tinello di don Camillo, il parroco di Torricella e don Camillo li lasciò soli.

Pareva che della faccenda non si dovesse più parlare ma, un anno dopo, Peppone venne eletto senatore e allora, un piccolo satanasso incominciò ad aggirarsi attorno a don Camillo e a tirargli la sottana e a stuzzicarlo giorno e notte.

"Peppone è l'ultimo degli ingrati" gli andava sussurrando il demonietto. "Tu ti sei comportato così lealmente, con lui, quando sei andato a riscuotergli i dieci milioni e, per tutta riconoscenza, cosa ha fatto il mascalzone? Appena eletto senatore, ha tenuto in piazza un discorso da far drizzare i capelli!"

Don Camillo l'aveva sentito sì, quel discorso. Un discorso pieno di boria, di tracotanza e di sarcastici accenni a "quel certo parroco che si era forsennatamente agitato per ostacolare la vittoria del popolo usando argomenti da sagrestano e che, se fosse capace di suonare le campane, potrebbe al massimo coprire la carica di campanaro".

A lungo il piccolo satanasso aveva istigato don Camillo: "Perché non racconti alla gente la storia del compagno Peppone milionario clandestino?"

Don Camillo aveva lottato un anno intero per liberarsi dal piccolo satanasso e, alla fine, quando ormai se lo era tolto di torno, ecco il criminale manifesto di Peppone.

Era, in quei giorni, scoppiato il colossale "scandalo" del famoso commendatore e, nel pieno della polemica, il senatore Peppone aveva fatto tappezzare il paese con un manifesto nel quale lo sciagurato si scagliava, con furibonda violenza, contro i "preti trafficoni che, pur di arraffare quattrini, non avevano esitato a diventare complici di un truffatore, ingannando i poveri, ingenui fedeli e depredandoli dei loro sudati risparmi".

Una faccenda da far rabbrividire.

E allora, davanti a tanta spudoratezza, don Camillo aveva deciso di far scoppiare la bomba.

Peppone ritornava al paesello piuttosto di frequente e non era più il Peppone d'un tempo, ma un personaggio gonfio di sussiego fino agli occhi, che viaggiava con una gran borsa piena di importantissimi documenti e con l'aria preoccupata di chi ha sulle spalle il peso di enormi responsabilità.

Salutava la gente con molto distacco e incuteva una tremenda soggezione ai poveri compagni.

"Riferirò a Roma", "Sentirò a Roma", concludeva gravemente quando gli sottoponevano qualche problema.

Indossava abiti scuri, a doppio petto, portava cappelli da borghese d'alto rango e non si mostrava mai in giro senza cravatta.

Nel famigerato manifesto figuravano robusti errori di sintassi ma siccome è l'uomo che fa lo stile, erano presentati in modo così perentorio da smorzare ogni ironico sorriso.

Don Camillo gli tese l'agguato e lo colse mentre rincasava, alle undici di notte.

"Scusi," gli disse don Camillo mentre Peppone armeggiava attorno alla serratura della porta di casa "sbaglio o lei è uno dei poveri ingenui fedeli depredati da preti senza scrupoli, complici di truffatori?"

Peppone dovette lasciarlo entrare e don Camillo attaccò subito.

"Compagno senatore, adesso tocca a me. Farò sghignazzare l'Italia intera alle tue spalle. Racconterò tutta la storia: parola per parola. I tuoi elettori devono sapere come il compagno senatore, con la complicità di un prete, ha fregato il Partito e il fisco quando ha vinto i dieci milioni al totocalcio. Come ha ancora fregato il Partito e il fisco affidando i dieci milioni al famoso commendatore e aiutando, così, la causa di quelli che lei definisce i nemici del popolo."

Peppone gonfiò il petto:

"Le darò querela per diffamazione! Lei non può provare niente".

"Proverò ogni cosa. Il suo nome è sui registri del 'commendatore'. Gli interessi le venivano pagati a mezzo assegno e io conosco i numeri delle matrici."

Peppone si asciugò la fronte coperta di sudore.

"Lei non farà mai una mascalzonata simile" disse.

Don Camillo si sedette tranquillamente e accese il suo mezzo toscano.

"Non è una mascalzonata" spiegò. "È la giusta risposta al suo manifesto."

Peppone schiattava; si strappò di dosso la giacca che buttò sull'ottomana e si slacciò la cravatta. Poi si sedette di fronte a don Camillo.

"È una inutile cattiveria" ruggì. "Ci ho rimesso il capitale..."

"Ma si è presi due anni di interessi e chiude press'a poco in pareggio."

Peppone era nel laccio e, vinto dalla disperazione, disse una stupidaggine: "Reverendo, le bastano tre milioni?"

Don Camillo fece la faccia brutta: "Compagno, una proposta simile a me non la doveva mai fare. La pagherà a parte".

Trasse di tasca un giornale e, spiegatolo, indicò a Peppone uno stelloncino.

"Come vede, senatore, ci teniamo informati: sappiamo che lei ha avuto l'importante incarico di selezionare i dieci compagni attivisti scelti in ogni parte d'Italia, che lei stesso poi accompagnerà nell'URSS in una gita-premio. Non la disturberemo nel suo lavoro di alto concetto. La grana scoppierà non appena lei avrà messo piede in Russia. L'imbarazzo in cui si troveranno i suoi capi aumenterà il divertimento."

Peppone non aveva più nemmeno la forza di parlare. Da troppi anni conosceva don Camillo e capiva che, stavolta, niente avrebbe potuto fermarlo.

Quel grosso uomo ridotto a uno straccio fece pena a don Camillo: "Compagno," gli disse "tu sei liquidato. A meno che..."

Peppone levò il capo:

"A meno che?" esclamò con ansia.

Don Camillo con estrema calma gli spiegò a qual prezzo avrebbe potuto cavarsela e Peppone lo ascoltava a bocca aperta.

Poi quando don Camillo ebbe finito di parlare disse: "Reverendo, lei scherza!"

"No. E le dico: o mangiare questa minestra o saltare dalla finestra."

Peppone balzò in piedi:

"Lei è pazzo!" urlò. "Pazzo da legare."

"Appunto per questo, compagno, deve pensarci dieci volte prima di rispondermi no. I pazzi sono pericolosi. Aspetterò fino a domani sera."

Il vecchio Vescovo, due giorni dopo, ricevette in udienza privatissima don Camillo e lo stette ad ascoltare con grande pazienza senza mai interromperlo.

"È tutto?" domandò alla fine.

"Tutto, eccellenza."

"Benissimo, figliolo. Io credo che, con quindici giorni di riposo in una tranquilla casa di cura dell'Appennino, potrai superare questa crisi."

Don Camillo scosse il capo:

"Eccellenza," disse "io ho parlato sul serio. È un'occasione unica. Sarà un'esperienza utilissima. Alcuni giorni a contatto diretto col fior fiore degli attivisti nostrani e con i bolscevichi russi."

Il vecchio Vescovo guardava sbalordito don Camillo.

"Figliolo," imploro "ma chi ti ha messo in testa quest'idea?"

"Non lo so, eccellenza. Me la sono trovata improvvisamente nel cervello. Chi lo sa? Potrebbe anche avercela messa il Signore."

"Non credo, non credo" borbottò il vecchio Vescovo. "Comunque, l'idea adesso ce l'hai nel cervello e io dovrei assecondarti e lasciarti partire senza dire niente a nessuno. E se ti scoprono?"

"Non mi scopriranno: curerò molto il travestimento. Non parlo dell'abito, eccellenza, parlo del travestimento interno. L'abito ha poca importanza, è il travestimento del cervello, quello che conta di più. Un cervello normale soltanto se è travestito da cervello comunista può dare all'espressione dello sguardo, al tono della voce e agli stessi lineamenti del viso l'impronta particolare che caratterizza i veri comunisti."

Il vecchio Vescovo continuò per un pezzo a battere con la punta del bastoncello sullo sgabellino che stava ai suoi piedi, poi tirò la sua conclusione:

"Figliolo, è una pazzia!"

"Sì, eccellenza" ammise onestamente don Camillo.

"E, allora, vai."

Don Camillo si inginocchiò davanti al Vescovo e il vecchio gli posò la piccola mano scarna sul capo.

"Che Dio ti protegga, compagno don Camillo" disse levando al cielo gli occhi pieni di lacrime.

Lo disse con voce sommessa e don Camillo percepì appena un sussurro. Ma Dio l'udì benissimo.

IN ABITO SIMULATO

"Buongiorno, senatore" lo salutò con petulanza la portinaia che stava ripulendo il pavimento dell'atrio.

"Buongiorno, compagno" gli sussurrò cauto il lattaio incontrandosi con lui sulla soglia del portone.

"Buongiorno, disgraziato" lo commiserò un omaccio che l'aspettava al varco, piantato a gambe larghe in mezzo al marciapiedi.

Questa volta, Peppone non rispose e, scansato l'omaccio, continuò per la sua strada.

Erano, circa, le nove: l'alba della capitale. La gran macchina romana stentava a rimettersi in moto, e un leggero velo di sonno smorzava la crudezza di quel fresco e limpido mattino d'autunno.

"Buongiorno, disgraziato" ripeté l'omaccio, ma in tono cordiale, stavolta; quasi affettuoso. "Lassù, adesso, i campi sono uno spettacolo. La terra arata fuma, nei prati l'erba medica luccica di brina e le viti dei filari sono cariche d'uva nera, matura e dolce come il miele e di foglie che vanno dal verde stanco al rosso dorato…"

Peppone muggì: possibile che, tutte le sante mattine, quell'odioso individuo venisse a tendergli l'agguato davanti al palazzo della pensione per raccontargli quello che succedeva al paese?

Peppone, per darsi un contegno, accese una sigaretta e l'altro sghignazzò: "Già: come si fa a fumare sigari? La gente, qui, ha il naso delicato e la padrona della pensione, poi, se ti vedesse col tuo vecchio mezzo toscano in bocca, perderebbe la stima dei senatori. Davvero una vecchia signora distinta, la padrona della pensione. Buona l'idea di spiegarle che sei un senatore indipendente. Pensa che delusione se scoprisse che, invece, sei un comunista!"

Peppone buttò via la sigaretta e s'allentò un po' la cravatta che gli stringeva il collo.

"Certo" insisté l'omaccio "ti sentivi più libero prima, col colletto slacciato e il fazzoletto al collo. Ma un senatore non può essere sbracalato come un meccanico di campagna. E poi, oltre al resto, sei un funzionario importante e hai un ufficio col pavimento di marmo e il telefono sulla scrivania."

Peppone diede un'occhiata all'orologio.

"Non ti preoccupare," ridacchiò l'omaccio "nessuno potrà trovare da ridire sul tuo operato. Hai fatto un buon lavoro, e i compagni da portare in Russia con te sono stati scelti con la massima cura. Te ne manca soltanto uno."

Peppone si tolse il cappello e si asciugò il sudore che gli allagava la fronte.

"Quel maledetto!" ansimò.

L'omaccio cambiò registro:

"Amico, chi te lo fa fare?" domandò. "Perché vuoi ficcarti nei guai? Pianta baracca e burattini e torna a casa".

"Non posso" gemette Peppone e, allora, l'omaccio si fermò.

"Arrivederci domattina" disse. "E che Dio te la mandi buona."

Erano arrivati alla fermata dell'autobus: Peppone guardò l'omaccio allontanarsi e perdersi in mezzo alla gente. L'omaccio che, tutte le mattine lo aspettava davanti alla pensione; il Peppone sbracalato e felice del passato che, all'inizio d'ogni giornata, veniva a cantare al Peppone ben vestito e infelice del presente, la canzone tentatrice: "Torna al tuo paesello ch'è tanto bello..."

*   *   *

Sull'autobus trovò posto di fronte a un tizio che leggeva l'*Unità* tenendola spalancata davanti a sé con tanta cura da farla sembrare incollata su un foglio di legno compensato.

Peppone non poteva scorgere il volto del passeggero, completamente celato dalla cortina di carta ma, considerando l'evidente intento provocatorio di quella messa in scena, stabilì che doveva trattarsi di una faccia da stupido.

"Portare fieramente all'occhiello il distintivo del Partito è dovere di ogni militante, ma ogni ostentazione è controproducente": questo, Peppone lo aveva stabilito e decretato quando, temporibus illis, Fulmine s'era fatto rapare a zero, lasciando in cima alla lucida zucca pelata solo una certa quantità di

capelli alti un dito e sistemati in modo tale da dise-
gnare nitidamente l'emblema della falce e martello.

Questo perché don Camillo l'aveva scoperchia-
to con uno scapaccione, urlandogli che, quando
passava il Santissimo, doveva cavarsi il cappello. E
allora, ogni volta che Fulmine incontrava don Camillo, gli faceva una gran scappellata con annesso
inchino, per mostrargli la meraviglia che portava in
cima alla testa.

Peppone sospirò: "Bei tempi, quelli: la politica
non aveva ancora intossicati gli animi e, con quattro sberle, si riusciva sempre a mettersi d'accordo
evitando inutili discussioni".

L'ignoto lettore dell'*Unità* abbassò il giornale e
Peppone dovette riconoscere che non aveva una faccia da stupido. Probabilmente i suoi occhi erano
privi di espressione, ma grossi occhiali con monta-
tura pesante e lenti spesse e affumicate non per-
mettevano di stabilirlo con sicurezza. L'uomo indossava un comune abito chiaro e portava in testa
un comunissimo cappello grigio.

In complesso era un individuo notevolmente
antipatico e Peppone poco dopo, quando sceso dal-
l'autobus se lo trovò fra i piedi, si seccò.

"Signore," gli domandò l'individuo "può indi-
carmi la strada..."

Non lo lasciò continuare:

"Posso indicarle soltanto una strada" ruggì.
"Quella che porta all'inferno!"

"Mi interessava proprio quella" replicò calmo
l'altro.

Peppone si incamminò a grandi passi e l'individuo lo seguì.

Se lo ritrovò, cinque minuti dopo, seduto davanti a un tavolino appartato d'un piccolo caffè deserto.

Peppone, mandato giù un grosso bicchiere di roba gelata, riacquistò la calma necessaria per fare un discorso comprensibile:

"Lo scherzo è durato abbastanza" stabilì.

"Non credo" obiettò l'altro. "È appena cominciato."

"Lei non spererà che io prenda la cosa sul serio!"

"Non lo spero, lo esigo."

"Don Camillo..."

"Mi chiami semplicemente 'compagno' Tarocci."

Trasse di tasca un passaporto, lo consultò e glielo porse:

"Esattamente: Tarocci Camillo, tipografo".

Peppone considerò con disgusto il documento e lo rigirò a lungo tra le mani:

"Nome falso, passaporto falso" esclamò. "Tutto falso."

"No, compagno: è un passaporto autentico rilasciato dalle autorità al cittadino Tarocci Camillo, tipografo, al quale io mi sono sforzato d'assomigliare. Se ne dubiti, ecco la prova."

Don Camillo cavò dal portafogli un cartoncino che allungò a Peppone spiegando:

"Tessera del Partito comunista rilasciata al compagno Tarocci Camillo, tipografo. Tutto autentico. Tutto regolare".

Peppone voleva dire qualcosa ma don Camillo lo prevenne:

"Compagno, non ti stupire. Ci sono dei compagni che sembrano compagni e, invece, sono diversi.

Il compagno Tarocci è uno di quelli. Siccome è fra gli elementi più stimati della sua sezione, tu scrivi alla sezione facendoti segnalare cinque compagni meritevoli e poi scegli lui. Che sono io. Così, mentre lui viene a farsi alcuni giorni di villeggiatura sui colli romani, io vengo con te in Russia, guardo attentamente ogni cosa e, al mio ritorno, gli racconto tutto quello che ha visto il compagno Tarocci".

Non fu una questione facile, per Peppone, rientrare in carreggiata: quando ci fu riuscito affermò:

"Io non so se l'inferno esista, né mi interessa approfondire la questione. Se c'è, voi ci andate di sicuro, reverendo".

"D'accordo; allora ci vediamo là, compagno."

Peppone rinunciò a resistere più oltre.

"Reverendo," disse con voce stanca "perché volete rovinarmi?"

"Nessuno vuol rovinarti, compagno. La mia presenza in Russia non cambia niente della realtà russa: ciò che è buono rimarrà buono e ciò che è cattivo rimarrà cattivo. Di che cosa hai paura? Temi forse che là non ci sia il paradiso di cui parlano i tuoi giornali?"

Peppone si strinse nelle spalle.

"In compenso" affermò don Camillo "io spero che, là, non ci sia l'inferno di cui parlano i miei giornali."

"Quale nobiltà di sentimenti!" esclamò Peppone sarcastico. "Quale disinteresse!"

"Non sono disinteressato" spiegò don Camillo. "Spero che stiano bene perché chi sta bene non si muove e non mette nei guai gli altri."

Poi passò una settimana e venne il giorno in cui il compagno Camillo Tarocci della sezione comunista di Vattelapesca ricevette la comunicazione che il suo nome era stato sorteggiato fra quelli proposti per la gita-premio e il compagno don Camillo si presentò, con la sua brava valigia di fibra, alla centrale bolscevica romana assieme agli altri nove "eletti".

Un giovane funzionario passò in rassegna la squadra che il compagno senatore gli aveva presentata e pronunziò brevi e categoriche parole di circostanza: "Compagni, voi partite con un compito preciso: quello di osservare ed ascoltare non soltanto per voi ma anche per gli altri e così potere, al vostro ritorno, spiegare ad amici ed avversari quanto sia serena la vita nell'operoso paese del socialismo, faro splendente di progresso e di civiltà. Questa è la vostra missione".

Mentre Peppone diventava pallido come un morto di anemia, don Camillo domandò la parola:

"Compagno, non varrebbe la pena di andar tanto lontano solo per spiegare ai compagni ciò che essi sanno benissimo e agli avversari ciò che essi non ammetteranno mai. La missione che vorremmo ci affidasse il Partito dovrebbe essere quella di portare ai compagni sovietici il sorriso sereno e riconoscente dell'intero autentico popolo italiano liberato finalmente dall'atroce minaccia della guerra".

"Naturalmente, compagni" borbottò a denti stretti il giovane funzionario. "Ciò è implicito."

Il giovane funzionario si allontanò impettito e indispettito e Peppone aggredì don Camillo:

"Quando una cosa è implicita è inutile dirla. Inoltre, quando si parla bisogna usare il tono adatto alla persona che abbiamo davanti. Tu non sai chi è quel compagno".

Don Camillo replicò a muso duro:

"Lo so: è un giovane di circa ventiquattro anni che nel '45 ne aveva dieci. Questo esclude che abbia combattuto come abbiamo fatto noi, in montagna, conosca quale terribile cosa sia la guerra e possa valutare, a ragion veduta, la portata psicologica dell'azione che ora sta compiendo il compagno Kruscev a favore del disarmo e della pace".

"Giusto" approvò il compagno Nanni Scamoggia, un pezzaccio di giovane marcantonio trasteverino, bullo e strafottente dai piedi alla testa.

"Quando c'è da prendere sventole o da menare, mica ci vanno i funzionari."

"E quando i funzionari, poi, creano il funzionarismo" aggiunse il milanese compagno Walter Rondella "allora..."

"Non siamo qui per fare una riunione di cellula!" tagliò corto Peppone. "Vediamo di non perdere il treno."

S'incamminò deciso e, passando davanti a don Camillo, gli sparò un'occhiata atomica che avrebbe sgretolato una colonna di granito.

Don Camillo conservò imperturbata la sua grinta di compagno che, costi quel che costi, dice sempre e dovunque quel che pensa l'*Unità*.

*   *   *

Sul treno, Peppone si preoccupò di una cosa soltanto: di non perdere d'occhio lo stramaledetto compagno Tarocci Camillo un solo minuto e, perciò, prese posto davanti a lui, in modo da poterlo tenere sotto stretto controllo. Ma pareva che don Camillo non avesse la minima intenzione di combinargli dei guai. Tanto è vero che, tratto di tasca un libretto dalla copertina rossa con tanto di falce e martello impressi in oro, si trincerò dietro una grinta impenetrabile e si immerse nella lettura senza badare minimamente a quanto dicessero gli altri. Ogni tanto staccava gli occhi dal libretto e lasciava che il suo sguardo si perdesse per i campi e le contrade che scivolavano via rapidi davanti al finestrino.

Continuò per un gran pezzo e, quando alfine chiuse il libretto e fece per rimetterlo in tasca, Peppone gli disse:

"Dev'essere una lettura interessante, compagno".

"La più interessante" gli rispose asciutto don Camillo. "È una raccolta dei pensieri di Lenin."

Gli porse il libretto che Peppone sfogliò.

"Peccato sia scritto in francese" spiegò don Camillo. "Comunque, se vuoi, te ne posso tradurre qualche brano."

"Grazie, compagno, non t'incomodare" rispose Peppone richiudendo il libretto e restituendoglielo. Poi sbirciò cautamente intorno e tirò un sospirone di sollievo; gli altri compagni dormicchiavano o leggiucchiavano delle riviste illustrate. Nessuno poteva essersi accorto che la raccolta di pensieri di Lenin, pure avendo una copertina rossa con l'emblema della falce e martello, pure recando, in lingua francese, un titolo che prometteva al lettore i migliori pensieri di Lenin si limitava in realtà a dargli, in lingua latina, il normale materiale d'un normale breviario ad uso dei sacerdoti.

Alla prima fermata qualcuno scese: il compagno Scamoggia tornò con un fiasco di vino e il compagno Rondella con l'edizione straordinaria di un foglio della sera e con una faccia disgustata.

Il giornale portava in prima pagina, sotto un titolo enorme, il resoconto dell'ultima giornata americana di Kruscev, rallegrato dalle solite foto di gente soddisfatta e sorridente.

Il compagno Rondella scosse il capo:

"A me" esclamò ad un tratto "tutti questi sorrisi con quei maiali capitalisti non vanno giù".

"La politica non va fatta col fegato ma col cervello" stabilì don Camillo. "L'URSS ha sempre lottato per la pacifica coesistenza. I capitalisti che si facevano i miliardi con la guerra fredda hanno poco da ridere. La fine della guerra fredda è una grossa battaglia perduta dal capitalismo."

Il compagno Rondella, milanese, era affezionato alle proprie idee:

"D'accordo, tutto bene. Però ho o non ho il diritto di dire che odio i capitalisti e, piuttosto di sorridergli, io mi faccio ammazzare?"

"Certo" asserì don Camillo. "Hai il diritto di dirlo, ma non a noi, bensì a Kruscev. Quando arriveremo, sarà già tornato: tu ti fai ricevere e gli dici: compagno Kruscev, l'URSS ha sbagliato politica."

Don Camillo era perfido come il più perfido agit-prop della sezione "provocatori" e il compagno Rondella impallidì.

"O non capisci o non mi vuoi capire" gridò. "Se per fertilizzare un campo io devo maneggiare del letame lo faccio. Ma nessuno può pretendere che io dica che il letame è profumato!"

Con estrema calma don Camillo replicò:

"Compagno, tu hai combattuto in montagna e comandavi un reparto. Quando ti comandavano di compiere un'azione pericolosa, cosa facevi?"

"Partivo."

"E spiegavi ai tuoi ragazzi che la faccenda di rischiare la pelle non ti andava giù?"

"No di certo. Ma questo, cosa c'entra?"

"C'entra, compagno, perché, calda o fredda, la guerra è sempre guerra. E, in guerra, i pensieri personali di chi combatte per la causa giusta non devono esistere."

Peppone intervenne:

"Lascia perdere, compagno Rondella. Andiamo in un paese dove di capitalisti non ne incontri di sicuro!"

"Questa è una gran consolazione" riconobbe un po' rasserenato il compagno Rondella.

"Per me" comunicò il compagno Scamoggia "la più gran soddisfazione sarà che, per tutti questi giorni, non vedrò più un prete!"

Don Camillo scosse il capo:

"Non è detto, compagno. Nell'Unione Sovietica c'è libertà di religione".

"Sì: libertà per modo di dire" ridacchiò Scamoggia.

"Nell'Unione Sovietica non esistono che libertà vere e complete" affermò severamente don Camillo.

Ma Scamoggia era scatenato:

"Preti anche là? Compagno, è mai possibile, che questa porca razza non la si possa eliminare?"

Peppone gli rispose autoritario:

"Scomparirà da sola quando finiranno la miseria e l'ignoranza: quei cornacchioni maledetti vivono sull'ignoranza e sulla miseria!"

Don Camillo diventava sempre più gelido e categorico:

"Compagno senatore, tu sai meglio di noi che, nell'Unione Sovietica, ignoranza e miseria non esistono più. Questo significa che, se i preti continuano ad esistere, essi dispongono di una forza che non s'è ancora riusciti a neutralizzare completamente".

"Ma che cos'hanno di speciale questi maledetti" ruggì Scamoggia. "Non sono forse gente fatta di carne e d'ossa come noi?"

"No" urlò Peppone rosso come un gallinaccio. "È gente fabbricata con tutte le peggiori porcherie dell'universo. Sono falsi, ipocriti, vigliacchi, ricattatori, assassini,, ladri. I serpenti velenosi li schivano perché hanno paura d'essere morsicati."

Don Camillo scosse impercettibilmente il capo.

"Tu perdi la calma, compagno senatore. Non sei sereno: qui sotto c'è il fatto personale. Qualche prete ti ha fregato."

"Deve ancor nascere il prete che riuscirà a fregare me!"

"E il prete che ti ha battezzato?" s'informò don Camillo.

"Avevo un giorno!" schiamazzò Peppone.

"E il prete che ti ha sposato?" insisté perfido don Camillo.

Il compagno Scamoggia si rivolse ridendo a Peppone:

"Capo, lascia perdere. Questo è un compagno sofistico che ci mette nel sacco tutti".

E rivolto a don Camillo:

"Mi piaci, compagno, perché sai il fatto tuo e sei un mangiapreti come me. Beviamoci sopra!"

Riempì di vino i bicchieri di carta:

"Alla salute della grande Russia sovietica!" gridò il compagno Scamoggia levando il bicchiere.

"Alla distruzione del capitalismo!" brindò il compagno Rondella.

"Alla faccia di tutti i preti dell'universo!" ruggì Peppone guardando negli occhi don Camillo.

Don Camillo levò il bicchiere e, nello stesso tempo, sparò contro gli stinchi di Peppone una zampata che voleva dire un sacco di cose.

Il convoglio arrivò in vista del confine a notte alta. C'era una magnifica luna e biancheggiavano le case dei paeselli disseminati sulle pendici dei monti. Ogni tanto balenava una visione del pianoro lontano percorso dal luccicante nastro dei fiumi e palpitavano i lumi delle città.

Affacciato a un finestrino del corridoio, don Camillo fumava il suo mezzo toscano e si godeva lo spettacolo.

Peppone lo raggiunse e, dopo aver contemplato a lungo quel notturno incanto, sospirò:

"Si ha un bel dire ma, quando uno sta per lasciarla, allora si accorge come sia bella la propria patria".

"Compagno," lo ammonì don Camillo "questa è deteriore retorica borghese e trito nazionalismo. Ricordati: la nostra patria è il mondo."

"E allora" scappò detto a Peppone "perché debbono esistere dei disgraziati che vogliono andare sulla Luna?"

"Compagno, ero distratto e non ho capito la tua domanda."

"Meglio così" borbottò Peppone.

OPERAZIONE RONDELLA

Sul trimotore che li aveva presi a bordo in un aeroporto della Germania Orientale, c'era un fracasso del diavolo: ciò costrinse il compagno don Camillo a starsene zitto e permise al compagno Peppone di viaggiare relativamente tranquillo.

Non lo perse mai d'occhio perché don Camillo era uno di quei soggetti pericolosi anche quando non parlano, ma don Camillo si comportò sempre onestamente, limitando la sua attività antisovietica alla lettura delle massime di Lenin. Peppone ebbe un ingorgo al cuore soltanto quando il compagno reverendo richiuse il libretto rosso e, soprappensiero, portò alla fronte la mano destra. Ma si riprese in tempo e, trasformato il tocco in una lisciatina alla fronte, portò a termine l'impresa rassettandosi, con la punta delle dita, il davanti della giacca, poi spazzolandosi leggermente la spalla sinistra e la destra.

"E così sia" disse fra sé Peppone traendo dal petto un sospirone che gli disingolfò il carburatore.

L'aereo andava lentamente perdendo quota e, presto, le sue ruote toccarono la terra russa.

"Signore, com'è lontana la mia chiesetta" pensò con sgomento don Camillo mentre scendeva la scaletta.

"Ma il Cielo è vicino" lo rassicurò la voce di Cristo.

Don Camillo ridiventò il compagno Tarocci.

"Compagno," disse gravemente a Peppone "non senti il desiderio di raccogliere un pugno di questa terra per baciarla?"

"Sì" gli rispose Peppone a denti stretti. "Baciarla e poi ficcarvela dentro quella stramaledetta bocca."

Erano attesi e si fece avanti una ragazza seguita da un uomo paludato in un lungo impermeabile spiegazzato e piuttosto stinto.

"Salve, compagni" li salutò la ragazza. "Io sono Nadia Petrovna del centro interpreti e questo è il compagno Yenka Oregov, funzionario dell'Ufficio Turistico."

La ragazza parlava un italiano pulitissimo e, se non avesse avuto quella grinta, e quel suo tailleur dalle spalle quadre, la si sarebbe potuta scambiare per una delle nostre parti.

Peppone si presentò, poi presentò i dieci della squadra e, finita l'orgia delle strette di mano, il compagno funzionario porse ai fratelli italiani il saluto dei fratelli sovietici ad essi graniticamente uniti nella gloriosa lotta per la libertà, la giustizia sociale, la pace e via discorrendo.

Il compagno funzionario, sui quarant'anni, tracagnotto, con la testa rapata, la mascella quadrata, le labbra sottili, gli occhi chiari, il collo corto e quella palandrana lunga fino ai piedi, puzzava di poliziotto lontano un miglio. Parlava a muso duro, controllatissimo e misuratissimo nel suo gestire e, se nessuno avesse tradotte le sue parole, si sarebbe potuto credere che egli, invece di un indirizzo di saluto, pronunziasse un atto d'accusa.

Anche la compagna Nadia Petrovna, essendo una funzionaria del Partito, aveva un'aria perennemente preoccupata che le impediva di sorridere ma, in complesso, era tutt'altra cosa dal compagno Oregov.

Il compagno Nanni Scamoggia, appena se l'era vista comparire davanti, era rimasto come allocchito e non è da dire che quella fosse la prima bella ragazza con la quale si trovava a faccia a faccia. Scamoggia era uno di quei fusti che fanno perdere l'indirizzo di casa alle donne: un marcantonio sui ventotto anni, coi capelli neri, lucidi, ondulati, gli occhi con lunghe ciglia ma con sguardo un po' perverso, la bocca ben disegnata e con piega fra strafottente e maledetta, le spalle ampie, il bacino stretto, i piedi piccoli, da ballerino. E come se non bastasse portava pantaloni attillati e un giaccone di pelle nera sopra il maglione rosso fuoco e la sigaretta alla Za la Mort. Scamoggia era un bullo autentico, uno di quei bulli che sanno menar le mani e non si lasciano incantare dalle donne.

Mentre la squadra traversava il grande prato dell'aeroporto e Peppone, il compagno Oregov e la compagna Nadia Petrovna camminavano davanti a tutti, Scamoggia riacquistò l'uso della parola:

"Compagno," comunicò a don Camillo "hai visto che razza d'atomica?"

"Ho visto sì" rispose don Camillo.

Lo Scamoggia lo agguantò per un braccio e lo attirò verso di sé in modo che potesse avere la visuale libera:

"Da' un'occhiata a quello Sputnik e poi dimmi!"

Don Camillo chiese mentalmente perdono a Dio, guardò e affermò categoricamente:

"Di ragazze così complete, perfette non se ne trovano in giro".

Lo disse forte perché il compagno Rondella era lì vicino. E il compagno Rondella abboccò:

"Bella fin che volete" esclamò "ma di ragazze così ce ne sono anche da noi".

"Da noi le ragazze sanno vestire bene" stabilì don Camillo. "Prendi la più bella e falle indossare una sottanuccia e un giacchettaccio come quelli che porta la compagna Petrovna e vedrai che miseria salta fuori. Questa è una bellezza solida, classica. Questa è una bella donna, non una delle pupattole che si vedono nei nostri paesi e nelle nostre città. A cominciare da Milano dove non c'è una donna che non sia sofisticata."

"Balle, compagno!" protestò con vivacità Rondella. "A Milano ci sono belle ragazze che neppure te le sogni!"

Intervenne lo Scamoggia: "Non t'arrabbiare, compagno, ci sono belle donne anche da noi, ma questa ha qualcosa di speciale. Non so cosa sia, ma ce l'ha".

"Dipende dal clima spirituale nel quale è nata e cresciuta" stabilì don Camillo. "L'ambiente fa l'uomo e fa anche la donna. Naturalmente, non tutti sono in grado di intuire queste verità elementari."

Il compagno Rondella voleva rimbeccare don Camillo ma, in quel momento, la squadra si fermò.

"Verifica doganale" spiegò Peppone incuneandosi nel gruppo. "Preparate le valigie."

Avvicinatosi a don Camillo gli sussurrò cautamente:

"Spero che non abbiate roba che ci metta nei guai!"

"Compagno," lo rassicurò don Camillo "so stare al mondo."

Si trattò d'una faccenda spiccia perché Peppone aveva organizzato le cose con intelligenza e, prima di partire da Roma, i dieci "eletti" avevano dovuto comprarsi ciascuno una valigia leggera e di misura regolamentare uguale a quella di fibra che egli, con pochi soldi, s'era procurato in un grande magazzino. E poi ogni valigia, una volta riempita, era stata pesata.

L'unica cosa sulla quale ebbero da ridire fu la boccetta che trovarono nella valigia dello Scamoggia. Il funzionario della polizia doganale svitò il tappo, annusò poi passò la boccetta alla compagna Petrovna che l'annusò a sua volta.

"Domanda perché tu porti profumo femminile con te" disse la compagna Nadia volgendosi verso Scamoggia.

"Non è profumo femminile" spiegò Scamoggia. "È l'acqua di lavanda che adopero dopo fatta la barba. Qui c'è forse l'uso di disinfettarsi con la nafta?"

La donna stava per rispondere ma, davanti a un bullo come lo Scamoggia, non c'era donna che potesse alzare la cresta. Quindi volse il capo e tradusse al doganiere solo la prima parte della risposta dello Scamoggia.

Il doganiere borbottò qualcosa e rimise la bottiglietta nella valigia.

"Ha detto che qui gli uomini usano disinfettarsi la faccia con l'alcool" spiegò la Petrovna allo Scamoggia, quando la comitiva si rimise in moto. "Comunque, devi usarla tu e non farne commercio."

Erano fuori dal campo e lo Scamoggia si fermò:

"Compagna, un momento". Aprì la valigia e ne cavò la bottiglietta:

"Se qui gli uomini usano l'alcool" affermò "userò pure io l'alcool perché sono uomo anche io. Se questo è un profumo femminile, che lo adoperi una donna".

Le porse la boccetta, ma la ragazza ritrasse la mano.

"Non sei forse una donna?" si stupì lo Scamoggia.

"Certo" balbettò la Petrovna.

"E allora pigliatelo: mica ne faccio commercio; te lo regalo."

La donna rimase qualche istante perplessa poi prese la boccetta e la infilò dentro la borsetta la cui cinghia le passava sulla spalla.

"Grazie, compagno."

"Prego... bella..."

La Petrovna cercò di ritrovare un adeguato cipiglio da funzionario offeso, ma riuscì soltanto ad arrossire come una borghesuccia qualsiasi.

Raggiunse di corsa il gruppo e lo Scamoggia, sistemata la valigia, accese una sigaretta, la mandò in distaccamento nel più remoto angolo delle labbra e si avviò con calma soddisfatta.

Un torpedone li aspettava. Salirono e, mentre Peppone metteva la sua valigetta sulla rete portabagagli, don Camillo gli toccò la spalla: "Capo," disse "deve essere successo un po' di confusione. La tua valigia è questa".

Peppone controllò la targhetta e si trattava proprio della sua valigia. L'altra, che egli tolse dalla rete portabagagli, portava la targhetta col nome del compagno Tarocci Camillo.

"Poco male" esclamò don Camillo. "Un semplice scambio di valigie."

Peppone si sedette e don Camillo prese posto davanti a lui.

"Così" sussurrò Peppone quando la macchina si fu messa in moto "io ho portato alla dogana la vostra valigia."

"Esatto. Un puro caso."

"E, alle volte, sempre per puro caso, nella vostra valigia c'era qualcosa di particolare?"

"Niente. Un blocchetto di santini, un po' di fotografie del Papa, un pizzico d'Ostie e altre quisquilie del genere."

Peppone rabbrividì.

* * *

Il torpedone viaggiava attraverso una sconfinata campagna e vacche piuttosto magre pascola-
vano nei prati d'uno stinto verde autunnale.

La compagna Petrovna si alzò e spiegò che,
secondo il programma stabilito, gli ospiti avrebbero visitato una fabbrica di trattori e poi sarebbero stati condotti all'albergo dove avrebbero potuto pranzare e riposarsi.

La fabbrica di trattori era alla periferia di R.
e si trattava d'un agglomerato di tristi e grigi ba-
racconi di cemento, che sorgeva quasi di sorpresa, al limite nord del malinconico pianoro giallu-
lastro. Questa schifezza si chiama "civiltà industriale" ed è uguale in tutte le parti del mondo:
don Camillo pensò con cocente nostalgia al suo
borgo lontano dove il calore umano vivificava
ogni minimo pezzetto di terra, dove ognuno dei
mattoni delle case aveva conosciuto la carezza
dell'uomo e, perciò, fra gli uomini e le cose, esisteva un tenace e invisibile legame.

Gli operai che lavoravano negli enormi capannoni erano annoiati e indifferenti come gli operai di tutte le fabbriche del mondo.

In molti reparti lavoravano soltanto donne:
erano, per lo più, piccolette, tonde, massicce e nessuna somigliava alla compagna Petrovna.

A un bel momento, il compagno Rondella non
resistette più e avvicinatosi a don Camillo gli
disse:

"Compagno: queste non sono nate e cresciute
nel clima spirituale della compagna Petrovna?"

Don Camillo lo fulminò:

"Compagno, non si va a visitare un reparto industriale femminile con lo stesso spirito con cui si va ad assistere a una sfilata di 'Miss'. È una delle regole elementari che ogni compagno che si rispetti dovrebbe conoscere".

Non era il caso di intavolare lì una discussione: tanto più che Peppone s'era voltato verso di loro facendo gli occhiacci.

La visita non finiva mai perché uno zelante giovane funzionario della fabbrica spiegava tutto, anche quello che non c'era da spiegare e, a ogni passo, sparava raffiche di dati statistici che l'interprete doveva tradurre uno per uno.

Alla fine si arrivò al termine della catena di montaggio e si poterono vedere i trattori pronti per essere spediti al loro destino: qui don Camillo rimase come folgorato e, dopo aver rimirato con occhi estatici un esemplare appena sfornato, esclamò rivolto a Peppone:

"Compagno senatore, ma questo è identico alla meravigliosa macchina regalata dall'Unione Sovietica alla cooperativa agricola che tu hai creato!"

Peppone avrebbe volentieri squartato don Camillo che vilmente gli ricordava il maledetto trattore che non voleva andare a nessun costo e aveva fatto scompisciare dalle risa l'intera provincia. Ma ciò che più gli avvelenò il sangue fu che dovette sorridere e parlare con entusiasmo del famoso trattore, come si trattasse di una cara persona viva.

Però quand'ebbe finita la sua fatica, il meccanico che dormicchiava dentro di lui fece udire la sua voce e, così, mentre gli altri proseguivano nella visita agguantò per una manica uno dei tec-

nici che scortavano i visitatori e, appressatosi a
un trattore, gli indicò un certo pezzo della pompa d'iniezione, e cercò di spiegare, armeggiando
con le dita, che la faccenda non poteva funzionare per questo e quest'altro.

Il tecnico lo stette a rimirare molto interessato, poi si strinse nelle spalle. Per fortuna, sopraggiunse la compagna Petrovna alla quale il tecnico parlò brevemente.

"Dice" spiegò la Petrovna a Peppone "che ha
capito. Aspettano che arrivi l'autorizzazione a modificare il pezzo."

Il tecnico ridacchiando disse qualcosa d'altro
alla ragazza e lei corrugò la fronte e rimase soprappensiero un momento. Poi si decise e, senza
guardare in faccia Peppone, gli comunicò sottovoce:

"Dice che l'autorizzazione dovrebbe arrivare
da un anno all'altro".

S'allontanò in fretta ma, poco prima che raggiungesse il gruppo, Scamoggia la bloccò:

"Compagna," le disse facendo balenare dei denti da divo di Hollywood "non ho sentito le ultime statistiche sulla produzione di pezzi di ricambio. Potresti fartele ripetere dal tecnico?"

Il tecnico, interpellato, entrò in eruzione e la
compagna Petrovna tradusse tante di quelle cifre
da far ingolfare una calcolatrice elettronica.

Lo Scamoggia ascoltò con estrema attenzione
tentennando gravemente il capo in segno di approvazione, poi strinse la mano al tecnico e ringraziò la traduttrice:

"Grazie, compagna. Tu non sai il piacere che
mi hai fatto".

"Ti occupi di macchine agricole?" s'informò, ingenua, la donna.

"No: mi piace sentirti parlare."

Era troppo. Si trattava di un sacrilegio perché, quello, era il tempio del lavoro e la compagna Petrovna si sentì come non mai funzionaria del Partito. Impallidì, si irrigidì e disse con voce dura, metallica:

"Compagno..."

Non aveva mai praticato Trastevere, non aveva mai visto due occhi come quelli lì e, incontrato lo sguardo dello Scamoggia, ci annegò dentro come una mosca nella melassa.

* * *

R. era una città sui centocinquantamila abitanti, una banale città russa, con poca gente e rarissime automobili nelle strade.

L'albergo era insignificante. La cameretta assegnata a don Camillo era quasi miserabile. Non sapeva chi dovesse dormire nell'altro letto ma non tardò a saperlo, perché, mentre stava lavandosi la faccia, entrò Peppone.

"Sentite, rev... compagno," gli disse subito Peppone "voi la dovete piantare di stuzzicare Rondella. Lasciatelo tranquillo, anche se vi è antipatico."

"Mi è simpatico, invece" gli rispose calmo don Camillo. "Il fatto è che, quando si tratta del Partito, io sono inflessibile e non guardo in faccia nessuno. È un compagno con idee poco chiare. Ha dei sedimenti borghesi nel cervello e il nostro dovere è quello di liberarlo."

Peppone buttò il cappello contro il muro.

"Uno di questi giorni vi strozzerò" gli sibilò all'orecchio.

*   *   *

Si ritrovarono tutti nella squallida saletta del ristorante e, a capotavola, sedeva il compagno Oregov che aveva, alla sua destra, Peppone e, alla sua sinistra, la compagna Nadia.

Don Camillo architettò le cose in modo tale da sedersi di fronte a Rondella: questo fu il primo colpo che ricevette Peppone. Il secondo fu quando vide che don Camillo, soprappensiero, sedutosi a tavola si portava la mano alla fronte per segnarsi.

"Compagni," esplose Peppone "quanto avrei pagato perché ci fosse stato con noi, poco fa, uno degli stramaledetti reazionari che sparlano dell'Unione Sovietica! Mi piacerebbe che fossero qui, che vedessero!"

"Inutile, compagno" disse don Camillo che, nel frattempo, tra lisciatine e spolveratine era riuscito a condurre a termine l'operazione. "Non ci crederebbero. Essi credono più al loro odio che ai loro occhi."

La compagna Petrovna tradusse le parole di don Camillo al funzionario dell'Ufficio Turistico e l'uomo, dopo aver approvato tentennando gravemente la zucca rapata, le comunicò qualcosa.

"Dice il compagno Oregov che tu hai parlato molto bene" spiegò la donna rivolta a don Camillo che, compiaciuto, fece un leggero inchino per ringraziare il compagno Oregov.

Saltò su lo Scamoggia che pareva pagato per

far da spalla a don Camillo e osservò:

"Noi stiamo indietro di un secolo. Questi puzzoni di industriali credono di aver creato chi sa cosa perché producono qualche trappola di macchina. Roba che, se vedessero una fabbrica come quella di oggi, gli verrebbe un colpo secco per la vergogna. E non è la più grossa, è vero compagna Petrovna?"

"No!" esclamò la donna. "È una delle minori. Costruita con concetti modernissimi, ma con una produzione insignificante in confronto alle altre!"

Don Camillo parve molto rattristato:

"È umiliante per noi italiani" disse "constatare che una delle fabbriche minori dell'Unione Sovietica si mangia viva la Fiat che è la nostra maggiore industria motoristica".

Il compagno Peratto, torinese, che non aveva mai parlato, fece udire la sua voce:

"Compagno, siamo obiettivi. Nel reparto trattori forse sì, ma nel reparto automobilistico, la Fiat è uno stabilimento rispettabile. Non bisogna far torto agli operai che, col loro lavoro, hanno creato e potenziato la Fiat".

"Prima d'ogni altra cosa non bisogna far torto alla verità" stabilì don Camillo. "La verità è più importante della Fiat. E fino a quando noi, prigionieri dei nostri complessi nazionalistici o regionalistici, ci ostineremo a difendere la nostra inefficienza nel campo sociale, organizzativo e industriale, non comprenderemo mai la lezione che la grande Unione Sovietica ha dato al mondo in ogni campo. Un uomo aveva per fidanzata una donna con una gamba sola ma, per lui, era la più bella del mondo e giudicava difettose le donne che di gambe ne avevano due. Noi abbiamo a casa nostra una donna con una gamba sola e si chiama industria mentre qui l'industria ne ha due!"

"E belle!" aggiunse lo Scamoggia.

Intervenne il compagno Rondella:

"Non capisco dove tu voglia arrivare" disse a don Camillo.

"Che un compagno deve avere l'onestà di riconoscere la verità anche se questa lo addolora. E noi siamo venuti nella grande Unione Sovietica non per fare del sentimentalismo, ma per conoscere la verità."

Il funzionario seguiva attentissimo la discussione facendosi tradurre parola per parola. Peppone moriva lentamente, ma per fortuna, portarono da mangiare e, siccome tutti avevano una fame maledetta, la tensione si allentò.

La minestra di cavoli era repellente ma andò giù. Il montone era migliore e fece dimenticare la minestra. L'Unione Sovietica aveva fatto le cose in grande e arrivò anche del vino. Assieme al vino, arrivarono i guai. Si tornò a parlare della fabbrica di trattori e il compagno Peratto per rimediare alla sua imprudente osservazione circa la Fiat fece notare a don Camillo la genialità d'un certo dispositivo che aveva notato nella catena di montaggio.

"Certo" asserì don Camillo. "Il popolo russo è soprattutto un popolo geniale. Geniale non solo perché ha inventato cose enormi come la radio e il veicolo interplanetario, ma geniale anche nelle cose piccole, minute. Guarda nei lavabo delle nostre stanze: i due rubinetti, uno per l'acqua calda, l'altro per la fredda non sono isolati ma uniti con una canna miscelatrice che ti permette di ottenere acqua tiepida alla gradazione che tu preferisci. È una cosa da poco ma la trovi solo qui."

Rondella, il milanese, faceva l'idraulico e si ribellò:

"Compagno, non diciamo sciocchezze. Gruppi col miscelatore li montava mio nonno. Da dove vieni?"

"Da una regione che ha il più alto numero di comunisti e quindi, è civile e progredita. D'altra parte, se è una sciocchezza sono in autorevole compagnia, perché Churchill ha scritto la stessa mia osservazione nelle sue memorie. Non potrai dire che Churchill sia filocomunista."

Rondella aveva idee chiarissime e non mollò:

"Me ne infischio di Churchill. Io dico che queste esagerazioni sono dannose alla causa perché fanno il gioco degli avversari. Se la verità è la cosa più importante, bisogna rendere omaggio alla verità".

Don Camillo si tolse gli occhiali affumicati, li ripulì, li rimise sul naso e poi fece cadere nel silenzio queste gravi parole:

"La verità? C'è una sola verità ed è quella che collima con gli interessi del popolo lavoratore. Compagno, tu credi più ai tuoi occhi che al tuo cervello. E il tuo cervello non può ragionare perché troppi sedimenti borghesi ne impediscono il giusto funzionamento".

Il Rondella perdette la calma:

"Il tuo cervello è pieno di semi di zucca. Inoltre sei una carogna che mi sta seccando l'anima fin dal primo giorno che ci siamo visti. Quando torneremo in Italia, ti pesterò il muso".

"Io non ho la tua pazienza" disse calmo don Camillo alzandosi in piedi e girando attorno alla tavola "e te lo pesterò qui."

Fu cosa di pochi secondi: il Rondella si rizzò di scatto, sparò un cazzotto e don Camillo gli spedì un diretto che lo rimise a sedere.

Il funzionario parlottò con l'interprete e la ragazza riferì a Peppone.

Allora Peppone si alzò e tirato su dalla sedia il Rondella, lo portò fuori a prendere aria.

"Compagno," gli spiegò quando il disgraziato fu in grado di connettere "il commissario ha notato che sei nervoso. Questa aria non ti giova. Fra un'ora un aereo parte per Berlino. Là è tutto predisposto per il tuo immediato rientro in Italia."

"Vado sì" gridò Rondella. "E non immagini neanche la gioia che proverò non vedendo più le vostre facce."

"Stai tranquillo, ci rivedremo in Italia."

Il Rondella cavò di tasca il portafogli, ne estrasse la tessera del PCI che fece a pezzi gridando con ferocia:

"Sì, ci incontreremo, ma io sarò sull'altra riva!"

Peppone dovette spedirgli un calcio nel sedere, ma lo fece con profondo rincrescimento.

Rientrò sorridendo:

"Tutto sistemato" spiegò a Nadia. "È molto grato delle premure del compagno Oregov e lo ringrazia".

Poi levò il bicchiere e propose un brindisi alla salute della vittoriosa Unione Sovietica.

Il compagno Oregov rispose con un brindisi alla pace e alla prossima liberazione dei lavoratori italiani oppressi dal capitalismo.

"Adesso facciamo un brindisi a Nadia" disse Scamoggia a don Camillo.

"Compagno," lo consigliò fraternamente don Camillo "non bisogna strafare."

Tutto finì meravigliosamente bene e, dopo un'ora, mentre l'ex compagno Rondella volava verso Berlino con la testa confusa e il sedere in fiamme, Peppone e don Camillo entravano nella loro stanza.

"Spegni la luce, compagno" disse don Camillo. "Appena ci saremo spogliati e ci saremo messi a letto la riaccenderai."

"Stupidaggini!" esclamò Peppone spegnendo la luce.

"Stupidaggini un corno. Un senatore comunista non merita la soddisfazione di vedere un prete in mutande!"

Tornata la luce, don Camillo trasse un'agendina e vi tracciò un'annotazione:

"Conversione e ricupero del compagno Walter Rondella".

"Uno di meno!" commentò poi allegramente ad alta voce.

"Soltanto un prete poteva fare un gioco così infame" ruggì Peppone. "Ma un altro tiro non me lo farete."

Don Camillo sospirò:

"Questo lo può dire soltanto lui" disse mostrandogli la sua grossa penna stilografica.

Peppone lo guardò preoccupato. Allora don Camillo tolse il cappuccio della grossa penna, svitò il coperchietto e tirò fuori dal grosso tubo qualcosa di lungo e stretto che in un istante si trasformò in un piccolo crocefisso.

"Signore," disse don Camillo levando gli occhi al cielo "perdonate se vi ho fatto le braccia snodabili assieme a quelle della croce. Ma voi siete la mia bandiera e non avevo altro modo per portarvi sempre con me sul mio cuore."

"Amen!" ruggì Peppone ficcando la testa sotto le lenzuola.

RIPOSO IN BRANDA

"*In illo tempore: Missus est Angelus Gabriel a Deo in civitate Galilaeae, cui nomen Nazareth, ad Virginem desponsatam viro, cui nomen erat Joseph, de domo David, et nomen Virginis Maria. Et ingressus Angelus ad eam dixit: Ave, gratia plena: Dominus tecum...*"

L'aereo sul quale egli viaggiava assieme al farmacista, stava compiendo una scivolata d'ala da togliere il respiro e Peppone si domandò perplesso cosa c'entrasse quella roba in latino. Ripensandoci, non riusciva a capire neppure come mai quell'odioso reazionario del farmacista si trovasse lì, di fronte a lui, sull'apparecchio che lo portava in Russia, ma dovette lasciare la questione in sospeso perché la singolare interferenza si ripeteva: "*Quae cum audisset, turbata est in sermone eius: et cogitabat qualis esset ista salutatio. Et ait Angelus ei: Ne timeas, Maria, invenisti enim gratiam apud Deum...*"

Peppone sollevò faticosamente una palpebra che pesava mezza tonnellata; lentamente, mise a fuoco un pezzetto di muro coperto da una stinta tappezzeria, poi un cartello penzolante da un chiodo infisso nel pezzo di muro. S'accorse che, sul cartello, c'era qualcosa stampato in caratteri cirillici.

"... *et vocabis nomen eius Jesum. Hic erit magnus, et Filius Altissimi vocabitur...*"

Peppone spalancò anche l'altro occhio, si rigirò di colpo nel letto e si sentì mancare il fiato: trasformato in altare il tavolinetto che l'amministrazione degli alberghi sovietici di Stato aveva concesso in dotazione alla stanza, il compagno Tarocci Camillo stava celebrando la Messa e, in quel preciso istante, leggeva, sul libretto rosso delle *Massime* di Lenin, la *sequentia sancti Evangelii secundum Lucam*.

Peppone saltò giù dal letto e andò a incollare l'orecchio alla porta: aveva il cuore "imballato" e, per un momento, gli parve che l'unica cosa da farsi fosse quella di buttare un panno del letto in testa a don Camillo.

Poi ci ripensò e si mise a trafficare per la stanza cercando di fare il maggior fracasso possibile, e avrebbe continuato chi sa quanto se un dannato campanellino non si fosse messo a squillare in mezzo alla confusione del suo cervello. Non voleva sentirlo, ma dovette dargli retta e, quando don Camillo levò l'umile bicchierino d'alluminio che fungeva da Calice, Peppone smise di agitarsi e abbassò il capo.

Si udirono, in quel momento, passi pesanti nel corridoio, ma Peppone non si mosse. Strinse i denti e disse fra sé: "Succeda quel che Dio vuole".

Successe soltanto che i passi si fermarono davanti alla porta e qualcuno bussò e borbottò in pessimo italiano:

"Sveglia, compagno!"

Peppone rispose con un muggito e l'altro si allontanò per andare a bussare alla porta vicina.

"*Ite, Missa est...*" disse alfine don Camillo.

"Basta!" ansimò Peppone che grondava sudore. "La benedizione tenetevela per voi!"

"Signore," sussurrò don Camillo inchinandosi davanti al piccolo Cristo Crocefisso cui la bottiglia dell'acqua faceva da piedestallo "perdonatelo. La sua paura è più forte della sua ragione."

"Mi piacerebbe sapere cosa avete provato voi quando hanno bussato alla porta" ruggì Peppone.

"Qualcuno ha bussato?" si stupì don Camillo. "Non ho sentito."

Peppone non insistette perché capiva che don Camillo era sincero.

E poi era stanco e aveva una voglia matta di rimettersi a letto per dormire. Magari per riprendere il suo viaggio in aereo assieme a quell'odioso farmacista.

"Voi siete bell'e pronto e, adesso che avete rimesso a posto i vostri arnesi, potete anche togliervi dai piedi e lasciarmi rivestire in pace" esclamò Peppone con malgarbo.

"Compagno" gli rispose serio don Camillo. "Ti vedo nervoso. Forse l'aria dell'Unione Sovietica non ti giova."

"Non mi giovate voi" urlò Peppone spingendolo fuori dalla porta.

E, allora, si accorse di qualcosa d'orrendo: la

porta non era chiusa a chiave. Il tizio che era venuto a bussare avrebbe potuto aprirla semplicemente girando la maniglia.

*   *   *

La compagna Nadia Petrovna li aspettava nella saletta dove era stata apparecchiata la tavola per la colazione e, appena ci furono tutti, spiegò: "Possiamo prendere posto: il compagno Oregov si farà aspettare un po'".

La compagna Petrovna aveva, quella mattina, la più discostante grinta da funzionario statale. Parlava con voce impersonale, senza guardare in faccia nessuno: impassibile, rigida come se fosse di ghiaccio.

Sedendosi a tavola non fece un movimento che non fosse strettamente necessario. Ridusse la colazione a una semplice tazza di tè sorbita a piccoli sorsi, come per semplice dovere d'ufficio.

Dava, insomma, l'idea d'essere avvolta da una invisibile quanto impenetrabile corazza. Disgraziatamente, da qualche giuntura della corazza, usciva un leggero e fresco profumino che guastava tutto l'effetto. Nadia Petrovna, dimenticando di essere un funzionario di Stato, s'era spruzzata addosso un goccio della lavanda regalatale dal compagno Nanni Scamoggia.

Il compagno Scamoggia era dislocato lontano dalla compagna Nadia, ma aveva buon naso e se ne accorse.

Il compagno Yenka Oregov arrivò alla fine della colazione. Era molto preoccupato: accennò a un saluto poi si appartò in un angolo a parlare con la compagna Petrovna. Fu una discussione lunga e animata nel corso della quale venne ripetutamente consultato un foglio con timbri che il compagno Oregov s'era portato nella borsa.

Quando parve che i due avessero concordata una linea di azione, la compagna Petrovna si rivolse a Peppone e spiegò:

"Il compagno Yenka Oregov ha ricevuto dall'organo turistico competente il programma preciso delle giornate che i graditi ospiti italiani trascorreranno nell'Unione Sovietica. Questa mattina alle ore nove, i compagni italiani visiteranno la fabbrica di trattori 'Stella Rossa'".

Peppone la guardò stupito:

"Compagna," obiettò "se non sbaglio la fabbrica 'Stella Rossa' l'abbiamo già visitata ieri nel pomeriggio, appena arrivati".

La compagna Petrovna confabulò col compagno Oregov.

"Il programma ricevuto questa mattina dal compagno Yenka Oregov" comunicò, in seguito, a Peppone la compagna Petrovna mostrandogli il foglio "stabilisce, senza possibilità d'equivoco, che i compagni italiani, dedicato il pomeriggio di ieri al riposo dal lungo viaggio, dedichino questa mattina alla visita della fabbrica 'Stella Rossa'. Il programma precedente è annullato dal nuovo e perciò anche la visita di ieri deve ritenersi non avvenuta."

Peppone non seppe far altro che allargare le braccia e la compagna Petrovna si volse ancora a discutere col compagno Oregov. Poi riferì il risultato della discussione:

"Il compagno commissario del turismo non può

modificare il programma che prevede la visita alla città solo oggi nel pomeriggio. Non pretende che i compagni italiani visitino per la seconda volta la fabbrica: li prega di considerare questa mattinata come di riposo da trascorrere nei locali dell'albergo".

Avevano tutti sonno perché il viaggio era stato lungo, duro e noioso e si mostrarono soddisfatti della brillante soluzione.

"Il compagno Yenka si reca alla fabbrica 'Stella Rossa' per aggiornare la relazione della visita" aggiunse la compagna Petrovna. "Io rimango a vostra disposizione in quella saletta. Buon riposo, compagni."

Se ne andò a insediarsi nello scassato divano della saletta attraverso la quale doveva obbligatoriamente passare chiunque entrasse in albergo o ne uscisse.

Camminava altera e gelida, ma lasciando dietro di sé una sottile scia di lavanda.

*　　　*　　　*

Don Camillo, appena entrato nella sua cameretta, si tolse le scarpe e si buttò sul letto ancora disfatto ma, proprio mentre stava per assopirsi, Peppone incominciò ad agitarsi e a borbottare. Quando, sul treno, s'era fatta la barba aveva dimenticato il rasoio nella toletta.

"Pigliati il mio e smettila di infastidire il prossimo!" gli gridò don Camillo.

"Io uso soltanto il mio rasoio" rispose Peppone. "Oltre al resto, non sono capace di radermi col rasoio a mano libera."

"Allora scendi, fatti cambiare in rubli un po' delle lire che ci rubi come senatore, e va' a comprare una macchinetta: il Magazzino Universale è di fronte all'albergo. Stai attento nell'attraversare la strada, perché c'è un maledetto traffico di automobili."

L'unica automobile che avevano visto in città era il torpedone sul quale avevano viaggiato e Peppone si seccò:

"Arriveranno, compagno reverendo. Noi non abbiamo fretta; per il momento ci basta fare delle macchine che arrivano fin sulla luna. Poi penseremo alle automobili".

"Comprami, per favore, un paio di calze di lana" lo pregò don Camillo. "In quarant'anni di regime, almeno un paio devono averlo fabbricato."

Peppone uscì sbatacchiando la porta.

Si trattava del capo e la compagna Petrovna fu molto gentile. Il compagno direttore dell'albergo turistico, da lei interpellato, accettò di cambiare il bigliettone di Peppone in un pacchetto di rubli e Peppone partì sicuro anche perché la compagna Nadia aveva spinto la sua cortesia fino a scrivergli su un foglio: "1 rasoio di sicurezza con 10 lamette; 1 paio di calze di lana da uomo, taglia III".

Il Magazzino Universale era lì a due passi e l'operazione fu fulminea in quanto la compagna venditrice letto il foglietto, mise in mano a Peppone la merce richiesta e gli comunicò per iscritto quanto costasse.

Però, rientrando nella sua camera, Peppone, non pareva soddisfatto come avrebbe, logicamente, dovuto essere.

Buttò le calze sul letto e don Camillo le afferrò al volo e le guardò compiaciuto.

"Belle" disse. "Calze come queste, da noi non ce le sognamo nemmeno. Anche l'idea di farne una più lunga e una più corta è intelligentissima: non esiste, infatti, nessun uomo che abbia i due piedi perfettamente identici. Quanto costano?"

"Dieci rubli" borbottò Peppone che stava armeggiando attorno alla macchinetta.

"A quanto ti hanno messo il rublo?"

"Non lo so" ruggì Peppone. "So che per diecimila lire mi hanno dato settanta rubli."

Don Camillo fece il conto:

"Circa centocinquanta lire. Come il franco svizzero. E il rasoio?"

"Nove!"

"Cinque per nove quarantacinque... nove per uno nove e quattro tredici. Circa milletrecento lire il rasoio e millequattrocentocinquanta le calze."

Peppone si insaponava furiosamente e non fece commenti.

"Quanto costa da noi un rasoio come quello?" insisté perfidamente.

"Duecento lire" ammise Peppone a denti stretti. "Duecento lire con dieci lame: un rasoio americano comprato all'Upim. Non è possibile. Ci dev'essere un errore."

"No, compagno, nessun errore. Intanto all'Upim si trattava d'una vendita di propaganda, cosa che qui non si fa' perché grazie al comunismo, negozi e fabbriche sono di Stato e lo Stato non deve battere nessuna concorrenza. Secondariamente, quelli dell'Upim sono rasoi americani mentre questo è un rasoio sovietico che è tutt'altra roba. Terzo: mentre il rublo ha un valore di quaranta lire circa, ai turisti lo fanno pagare giustamente centocinquanta. Il comunismo non ha mica lavorato quarant'anni per organizzare la pacchia a favore dei turisti stranieri. Il tuo rasoio, il cittadino sovietico lo viene a pagare solo trecentocinquanta lire."

Peppone aveva incominciato a radersi. Smise, s'insaponò ancora, cambiò la lametta e riprese a raschiarsi la faccia.

Don Camillo lo osservava con crudeltà e, sentendosi osservato, Peppone resisteva cocciuto. Ma alla fine, non ce la fece più: disse ad alta voce una gran brutta parola e buttò contro il muro il compagno rasoio.

"Tu sei un compagno di poca fede" gli disse con voce grave don Camillo.

Peppone, con la faccia insaponata, lo guardò con odio.

Allora don Camillo ebbe pietà di lui e, toltala su da terra, frugò nella sua valigia cavandone qualcosa che porse a Peppone:

"È forse tuo questo disgustoso rasoio americano che ho trovato in giro?" gli domandò.

Peppone glielo strappò di mano.

"Vado sempre più convincendomi che uccidere un prete non è peccato" disse con perfetta convinzione.

* * *

Intanto, la compagna Petrovna, che continuava a far la guardia alla porta, a un bel momento si trovò davanti il compagno Scamoggia.

Non gli lasciò neppure il tempo di aprire quella sua odiosa bocca:

"Il compagno Yenka Oregov" gli disse con voce dura "vi ha pregato di considerare la mattinata come di riposo in albergo. Non è corretto, da parte vostra, cercare di uscire".

"Io non cerco di uscire" spiegò Scamoggia. "Io vorrei passare la mattinata di riposo seduto lì."

La compagna Petrovna lo squadrò curiosamente:

"Io non capisco come, con tanto posto che c'è nell'albergo, voi vogliate proprio riposarvi qui sul mio divano".

"Compagna, adesso si dà del 'voi' ai compagni?"

"No: si dà del 'voi' ai borghesi."

"Io non sono un borghese!" protestò lo Scamoggia.

"Certi atteggiamenti sono della peggior marca borghese."

"Posso aver sbagliato, compagna. Ma se tu mi aiuti, io sono pronto a fare una onesta autocritica."

La compagna Petrovna fu toccata dal tono sincero delle parole dello Scamoggia.

"Puoi sederti, compagno" gli concesse senza abbandonare il suo cipiglio. "Parlami di te."

"Mi chiamo Nanni Scamoggia, ho ventotto anni, sono membro del Partito, sono comunista sin dal giorno in cui ho avuto l'uso della ragione. Lavoro e ho una piccola officina di scooterista."

"Cosa sarebbe?"

"Riparo gli scooters e li commercio."

Vedendola perplessa, trasse di tasca una foto sulla quale si vedeva uno Scamoggia bullissimo e fustissimo, in tuta candida, a cavalcioni di una "Vespa".

"Questi sarebbero gli scooters" spiegò. "È il mezzo più popolare di trasporto."

"Interessante" stabilì la compagna Nadia Petrovna. "Qual è la posizione dei tuoi familiari rispetto al Partito?"

"Mio padre è iscritto dalla scissione di Livorno."

"Millenovecentoventidue, se non erro" osservò la Petrovna.

"Esatto. Mia madre è morta, mia sorella è capocellula dell'Udi."

"E tua moglie?"

Lo Scamoggia ridacchiò:

"Compagna, ti pare che io sono il tipo da aver moglie?"

La Petrovna lo guardò severamente:

"Alla tua età una donna ci vuole".

"E perché dovrei prendermene una sola come moglie, quando posso averne tante gratis?"

Istintivamente la compagna Petrovna si scostò:

"Quanto tu hai detto," stabilì "dimostra che possiedi una mentalità borghese. Sono i borghesi sfruttatori che giudicano le donne alla stregua di semplice passatempo. La donna ha diritti, dignità e funzioni pari a quelli dell'uomo. Almeno nella società socialista".

"Compagna, non mi sono espresso bene" protestò lo Scamoggia. "Io parlavo solo della ristretta categoria di donne che, odiando il lavoro e non avendo nessuna fede politica o sociale, rinunciano alla loro dignità e, quindi, ai loro diritti..."

"Comprendo" lo interruppe la compagna Nadia. "Ciò non toglie che il compagno, giunto a una rispettabile età, debba formarsi una famiglia in modo da collaborare validamente alla formazione delle nuove leve del Partito."

"Compagna, sono d'accordo. Ma noi viviamo in un mondo diverso dal tuo, in un mondo pieno di egoismi e d'ipocrisia. Da noi comandano i preti e la gran parte delle donne è schiava dei preti. E bisogna stare attenti perché molte di esse sono agenti provocatrici..."

"Non conosci nessuna compagna di sicura fede?"

Lo Scamoggia spalancò le braccia:

"Sì, parecchie, però... Insomma, capisco che è una debolezza, ma non me ne piace nessuna".

"Mi pare impossibile, compagno. Neppure una?"

"Qualcuna ci sarebbe, ma è già sposata."

La compagna Petrovna meditò qualche istante, poi concluse:

"È una situazione difficile, compagno. E tu l'affronti con insufficiente serietà".

"Compagna," confessò lo Scamoggia lasciandosi andare "gli anni passano, ma con tutto quel sole, quel cielo azzurro, quei fiori, quella musica, quel buon vino che ci sono laggiù pare di essere sempre giovani. Il nostro è un paese benedetto da Dio..."

"Compagno" lo interruppe la Petrovna. "Hai detto una eresia! Non ci sono paesi benedetti o maledetti da Dio. Dio non esiste."

"Lo so: ma sarà forse per tutti quei maledetti preti, per tutte quelle chiese, per tutti quei tabernacoli, laggiù si ha l'illusione che ci sia."

La compagna Petrovna scosse il capo:

"Hai le idee molto confuse" disse.

"Lo ammetto, compagna. Però potresti dirmelo guardando dalla mia parte, non verso la porta."

Non bisognava ripetere l'errore di Stalin: non si può parlare un linguaggio che serva ugualmente ai cittadini sovietici o ai cittadini americani. Gli uomini risentono della latitudine, delle abitudini. Pretendere di aprire tutte le serrature con una stessa chiave è irragionevole.

Questo pensò la compagna Petrovna e si volse verso lo Scamoggia.

"Compagna, perché non parliamo un po' di te?" le domandò lo Scamoggia.

"Sono una donna sovietica" rispose fieramente la Petrovna cercando di sottrarsi allo sguardo dello Scamoggia. Sono membro del Partito e funzionario dell'organizzazione turistica dello Stato. Ho ventisei anni e vivo a Mosca."

"Sola?"

La Petrovna sospirò.

"No... Purtroppo" rispose abbassando il capo. "Viviamo in tre compagne nella stessa stanza. Ma non mi lamento!"

"Figurati se mi lamento io" esclamò lo Scamoggia.

La Petrovna sollevò gli occhi e lo guardò stupita:

"Cosa intendi dire?"

"Sul momento avevo creduto che tu vivessi assieme a un compagno" spiegò lo Scamoggia. "Per conto mio, insomma, è più simpatico che tu viva assieme a due compagne piuttosto che a un solo compagno."

La Petrovna continuò a guardarlo stupita:

"Il tuo è un ragionamento che non afferro" disse.

Ma mentiva nel modo più spudorato e lo si capì dal pasticcio che combinò quando, trovandosi ancora tra le mani la foto del "fusto vespista" in tuta candida, invece di restituirla allo Scamoggia, la infilò nella borsetta.

Tanto per dire che anche i funzionari sovietici, pur essendo stati forgiati nella fucina ardente del socialismo, hanno le loro debolezze.

LA CELLULA SPAZIALE

Eccettuato don Camillo, tutti gli "eletti" della squadra di Peppone erano compagni di provata fede. Anche quel povero Rondella che il gioco perfido di don Camillo aveva eliminato. Degli otto rimasti, il compagno Bacciga pareva quello più solidamente preparato e spesso aveva citato assai a proposito passi importanti dei sacri testi della dottrina comunista.

Ma Bacciga era genovese e, come si sa, i genovesi, prima d'essere ogni altra cosa, sono genovesi. Vale a dire: gente pratica, con un innato senso degli affari.

E, siccome don Camillo aveva messo gli occhi su di lui, fu proprio questo innato senso degli affari a metterlo in grossi guai.

Il fatto accadde nel pomeriggio della prima giornata "ufficiale", durante la visita alla città. Il Magazzino Universale di Stato era a pochi passi dall'albergo e la prima sosta avvenne qui. Il compagno Yenka Oregov incaricò la compagna Nadia Petrovna di spiegare agli ospiti che ognuno era libero di comprare ciò che voleva e, dopo aver opportunamente ricordato che, nel 1965, la produzione sovietica di tessuti di lana avrebbe raggiunto gli otto miliardi di metri e quella delle calzature i cinquecentoquindici milioni di paia, si piantò sulla porta e si preoccupò esclusivamente di impedire che qualcuno tagliasse la corda.

Naturalmente, il compagno Scamoggia aveva bisogno d'una quantità enorme di ragguagli tecnici sulla organizzazione dei magazzini di Stato e si appartò, con la compagna Petrovna, nel reparto degli articoli casalinghi. Peppone si appiccicò alle costole di don Camillo e gli altri si dispersero in giro.

Il bottegone era pieno di donne: moltissime indossavano la tuta da operaio o la divisa di tranviere o di portalettere ma tutte, dopo aver comprato qualche scatoletta o qualche pacchetto di roba nel reparto alimentari, andavano a rimirare, con occhi incantati, le mostre delle calzature, degli abiti, della biancheria e degli altri gingilli femminili.

" 'Il vero comunista' " disse don Camillo a Peppone "'si distingue per la sua modestia e per la sua intollerabilità verso le cose superflue': quindi i casi sono due. O queste donne non sono buone comuniste o le cose che esse stanno guardando con tanto desiderio non sono più considerate superflue dato l'alto tenore di vita raggiunto dall'Unione Sovietica."

"Non capisco dove vogliate arrivare" borbottò sospettosamente Peppone.

"Intendo dire che, nell'Unione Sovietica, i beni di consumo sono talmente abbondanti che una donna può considerare lecito desiderio quello di togliersi i pantaloni e di vestirsi da donna."

Peppone non raccolse la provocazione.

"Considerato che ti hanno dato tanti rubli in cambio delle tue diecimila lire" insisté perfido don Camillo "perché non comperi quella sottanina da regalare a tua moglie?"

Una sottana di Stato, confezionata con stoffa di Stato e su modello di Stato da sarte di Stato non può indulgere alla leziosaggine delle sottane prodotte nei Paesi capitalisti, dalla iniziativa privata. E Peppone ribatté fulmineo:

"Per una donna è meglio portare una brutta sottana ma essere libera piuttosto che portare una sottana di Christian Dior ed essere schiava".

"Ben detto, compagno" approvò don Camillo che, finalmente, aveva ripescato il suo pollo sperdutosi in mezzo alla confusione.

Il compagno Bacciga s'era sganciato abilmente dagli altri e stava discutendo con la compagna venditrice del reparto pellicceria. Una discussione serrata e completamente muta perché eseguita dai due a suon di cifre scritte dall'uno e poi dall'altra su un blocchetto.

Si misero rapidamente d'accordo e, allora, il compagno Bacciga incominciò a cavar fuori di sotto la giacchetta piccole buste luccicanti che la venditrice agguantava e faceva sparire sotto il banco con consumata abilità. Alla fine, la venditrice gli incartò una stola di pelliccia e il commercio finì lì.

Peppone non s'era accorto di niente, ma don Camillo aveva visto e capito tutto e, adesso, aveva una dannata fretta di tornare in albergo.

Tornarono soltanto a sera fatta perché, dopo il Magazzino di Stato, visitarono una fabbrica di cuscinetti a sfere, poi l'ospedale e appena entrato in albergo don Camillo corse subito a rifugiarsi nella sua stanza.

Peppone, preoccupato della sua scomparsa, piantava poco dopo la compagnia nella saletta dell'albergo e, raggiunto don Camillo, lo trovava seduto per terra intento a consultare degli scartafacci che aveva tolto dalla valigia.

"Non bastano le *Massime* di Lenin?" ruggì Peppone. "Quali. altre porcherie vi siete portato dietro?"

Don Camillo non sollevò neppure la testa e continuò a scartabellare i suoi fogli e i suoi libercoli.

"Prenditi questo" disse a Peppone passandogli una paginetta strappata da qualche rivista. "Imparati a memoria i passi sottolineati in blu."

Peppone dette una sbirciata al foglio e subito ebbe un sussulto:

"Ma questo" esclamò "è un foglio del *Quaderno dell'Attivista!*"

"E allora? Volevi forse che mi portassi dei ritagli dell'*Osservatore Romano?*"

Peppone diventò rosso e feroce come la rivoluzione d'ottobre: .

"Io dico che questo foglio è stato strappato dalla raccolta dei *Quaderni dell'Attivista*" urlò. "Dalla mia raccolta personale che è nella biblioteca della sezione, al paese! Ecco qui il timbro a secco! Io voglio sapere in che modo..."

"Non t'agitare, compagno. Per farmi una cultura comunista non potevo certo rivolgermi alla biblioteca del Vescovado!"

Peppone si chinò a controllare fogli e opuscoli sparsi per terra:

"Tutta roba mia!" gridò inorridito. "M'avete assassinato tutta la biblioteca. Io..."

"Basta, compagno" tagliò corto don Camillo. "È indegno offrire all'estero il miserabile spettacolo delle nostre piccole questioni personàli. Vedi di mandare a memoria solo i pezzi sottolineati in blu. Quelli li citerai tu. Io sfrutterò i passi sottolineati in rosso."

Peppone lo guardò con occhi sbarrati:

"Voi" disse ansimando "mi state combinando qualche mascalzonata".

"Nessuna mascalzonata. Se non vuoi fare la figura dello stupido, manda a memoria i passi che t'ho detto. E spicciati perché hai soltanto mezz'ora di tempo."

"Va bene" rispose Peppone a denti stretti. "Ne parleremo dopo."

Si sedette al tavolino, inchiodò gli occhi al foglio e incominciò a imparare la sua lezione.

Si trattava di due soli passi di poche righe ma li avrebbe mandati a memoria anche se fossero stati d'una pagina intera tanta era la sua rabbia.

"Sentiamo" disse alla fine don Camillo riponendo la sua cartaccia nella valigia.

"Compagni," ruggì Peppone "Lenin ha detto: 'Gli estremi non sono buoni in nessuna occasione, ma se si dovesse scegliere, noi preferiremmo le affermazioni chiare, anche se ristrette e insofferenti, alle nebulosità morbide e sfuggenti'."

"Bene. Questo lo dirai quando io fingerò di non

ricordare una certa frase di Lenin. L'altro pezzo, invece, quando io ti chiederò il parere del Partito."

"Quale Partito, che Dio vi strafulmini!" gorgogliò Peppone.

"Glorioso Partito Comunista, compagno" gli rispose solenne don Camillo. "Il quale Partito, come giustamente è scritto nel numero 9 di *Kommunist*, 'esige da tutti i suoi membri che essi...' "

" '... che essi, anche nella loro condotta personale...' " lo interruppe con violenza Peppone. E, furibondo, recitò la filastrocca numero due fino all'ultima parola senza mai incepparsi e senza sbagliare una virgola.

Don Camillo l'ascoltò compunto e, alla fine, gli disse:

"Bravo, compagno! Sono orgoglioso di essere il tuo parroco".

*　　*　　*

La cena fu abbondante ed istruttiva perché il compagno commissario spiegò con straordinaria copiosità di dati statistici quali fossero le mete che l'industria sovietica avrebbe raggiunto nel 1965. Alla fine, dopo i regolari brindisi alla pace, alla distensione, all'immancabile trionfo finale del comunismo e via discorrendo, si alzò don Camillo.

"Compagni," disse "l'appartenenza al Partito, impegna ogni comunista a seguire i principi bolscevichi, a sviluppare la critica e l'autocritica..."

Parlava adagio, scandendo le parole, fissando fieramente il compagno Oregov al quale la compagna Petrovna traduceva una per una, le parole di don Camillo.

"Di fronte alla coscienza del Partito, ogni comunista deve soppesare severamente tutti i propri atti, appurare se si poteva fare di più e meglio. Nessun comunista deve temere di dire la verità: egli deve pronunciarsi in modo diretto e aperto anche se si tratta di fare apprezzamenti sgradevoli. Compagni, la mia memoria non mi permette di trovare subito la parola di Lenin a tal proposito... Lenin... "

Don Camillo simulò un grande travaglio interno e allora Peppone intervenne:

"Non t'affaticare, compagno. Lenin scrisse: 'Gli estremi non sono buoni in nessuna occasione, ma se si dovesse scegliere, noi preferiremmo le affermazioni chiare, anche se ristrette e insofferenti, alle nebulosità morbide e sfuggenti'."

Il compagno Yenka Oregov, informato diligentissimamente dalla Petrovna, si volse verso Peppone e gli tributò un sorriso di viva approvazione.

"Grazie, compagno" continuò don Camillo riagganciando gli occhi del commissario. "Dopo questa premessa, mi ritengo autorizzato a parlare, con chiarezza. Lo spiacevole incidente accaduto ieri al compagno Rondella, mi ha indotto a ricordare il comma quinto dello Statuto del Partito, là dove è detto: 'Ogni iscritto al Partito comunista ha diritto di essere, in caso di mancanza disciplinare, giudicato da un organismo regolare di partito e di potere, in ogni caso, fare appello all'assemblea della sua organizzazione, nonché alle istanze superiori'. Ora io dico: se qualcuno di noi che facciamo parte del gruppo condotto dal compagno senatore Bottazzi commettesse una mancanza disciplinare quale organismo regolare di partito lo potrebbe giudicare? Il compagno senatore, qui, rappresenta il Partito e provvederebbe a denunciare il responsabile della mancanza alla Federazione, alla sezione, alla cellula cui appartiene il responsabile. Ma, dappoiché gli atti censurabili commessi qui, in terra sovietica, sono strettamente legati alla vita sovietica o a situazioni particolarissime contingenti, saranno in grado quegli organismi di giudicare con perfetta serenità e cognizione di causa l'operato del compagno censurato? No, io dico. Il compagno che ha sbagliato qui deve essere giudicato subito, qui. E dappoiché, qui, noi non siamo inquadrati in nessun organismo regolare di partito, in conformità all'articolo 10 dello Statuto e al suo spirito, ritengo sia nostro diritto e dovere costituirci in cellula."

La compagna Petrovna tradusse puntualmente al compagno che, però, non si espresse e rimase imperturbabile a guardare don Camillo.

"Compagni," continuò don Camillo "voi mi guardate stupiti e vi domandate: quale tipo di cellula? Quella di lavoro no perché non lavoriamo qui. Quella territoriale no perché non abitiamo qui. Compagni, io potrei rispondervi che non siamo venuti nell'Unione Sovietica per divertirci ma per imparare e poi insegnare: e questo è lavoro. Importante lavoro. Potrei rispondervi che, se non risiediamo fisicamente qui in terra sovietica, la Unione Sovietica è la nostra grande patria e spiritualmente risiediamo qui. Invece, lasciate che io vi apra sinceramente il mio cuore."

Don Camillo era visibilmente e spudoratamente commosso e tutti l'ascoltavano con la massima attenzione.

"Compagni: noi siamo un impercettibile puntolino che, d'un tratto, s'è staccato da un vecchio decrepito pianeta ed è giunto a toccare un mondo nuovo meravigliosamente giovane. Noi siamo l'esiguo equipaggio dell'aeronave che ha abbandonato il putrido mondo capitalista ed ora naviga a bassa quota sulle terre fascinose del mondo del Socialismo per scoprirne la stupenda realtà. Quell'esiguo equipaggio che è composto non di individui isolati, ma d'uomini uniti da una sola idea, da un'unica fede, da un'unica disperata volontà: l'edificazione del mondo comunista! Compagni, lasciatemelo dire: non cellula di lavoro, non cellula territoriale, ma cellula spaziale, cellula interplanetaria, perché il mondo dal quale noi proveniamo, il mondo fradicio del capitalismo è distante dal mondo sano e generoso del Socialismo assai più di quanto non sia lontana la Terra dalla Luna! Epperciò io propongo la costituzione in cellula del nostro gruppo e propongo d'intitolarla al nome di colui che riassume in sé il desiderio di pace, di progresso, di civiltà e di benessere del grande popolo sovietico: Nikita Kruscev!"

Il compagno commissario, pallido per l'emozione, si alzò fra lo scrosciare degli applausi e continuò dieci minuti a stringere la mano a don Camillo.

Tramite la Petrovna, Peppone parlottò un poco col compagno Oregov quindi disse:

"In nome del Partito comunista italiano e in perfetto accordo col rappresentante del Partito comunista sovietico, autorizzo la costituzione della cellula 'Nikita Kruscev' ".

L'assemblea dei nove si riunì immediatamente - cosa che fu assai facilitata dal fatto che erano già tutti seduti alla stessa tavola - e, in base all'articolo 28 dello Statuto, procedette all'elezione del Comitato direttivo di cellula. Segretario politico risultò il compagno Tarocci Camillo, segretario di organizzazione risultò il compagno Scamoggia Nanni. Amministratore il compagno Peratto Vittorio.

Solo mentre, assieme agli altri, levava il bicchiere per brindare al Comitato direttivo della nuova cellula spaziale, Peppone si accorse che il compagno capocellula era don Camillo.

E, quando bevve, il vino gli andò di traverso.

"Compagni," annunciò con voce grave don Camillo "vi ringrazio della fiducia che m'avete accordato e farò di tutto per meritarla. Per questo propongo che la cellula inizi immediatamente la propria attività. Qualcuno ha argomenti da proporre?"

Nessuno aveva da proporre niente.

"Ne propongo uno io" disse don Camillo mentre Peppone incominciava a soffrire tremendamente.

"Compagni," spiegò don Camillo "il comunista che ha paura della verità non è un comunista. Il Partito educa i comunisti in uno spirito d'intransigenza verso le deficienze, in uno spirito di sana insoddisfazione per i risultati conseguiti. Il membro del Partito che non è capace di vedere le cose in modo critico, che non è esigente nei propri confronti e nei confronti degli altri non può essere esempio ai senza-partito, non può essere un loro autentico dirigente. Compagni, nell'articolo 9 dello Statuto, fra i doveri dell'iscritto al Partito c'è quello di avere 'una vita privata onesta, esemplare', compagno Bacciga, ammetti di aver comprato oggi, al Magazzino di Stato, una stola di pelliccia?"

Il compagno Bacciga diventò smorto.

"Sì" rispose dopo qualche istante d'esitazione. "Il compagno Oregov ci aveva autorizzati a comprare ciò che volevamo."

"Esatto. Ammetti di aver pagato quella stola non con danaro ma con calze di nylon femminili che ti eri portato con te dall'Italia?... Se non lo ammetti, sei un bugiardo. Se lo ammetti, sei un alimentatore di quel mercato nero che ostacola i piani dell'industria sovietica e, perciò, sei da considerare un sabotatore. Nell'un caso e nell'altro, la tua vita privata non è né onesta né esemplare. Questa è la mia accusa. L'assemblea ascolterà la tua difesa."

Il compagno Bacciga stentava a riprendere fiato e, intanto, la compagna Nadia Petrovna informava dettagliatamente il compagno commissario. Le ragioni addotte dal compagno Bacciga furono trovate quanto mai insoddisfacenti. Aveva contrabbandato mercanzia frodando la dogana sovietica e aveva, esitando la merce al mercato nero, danneggiato l'economia sovietica. In più aveva tradito la fiducia dei compagni sovietici. Al cospetto di un compagno commissario che pareva Robespierre, il compagno Bacciga fu costretto a fare una autocritica spietata.

"Che tu abbia lealmente riconosciuto il tuo torto" concluse don Camillo "è cosa onorevole, ma non basta perché la questione sia risolta. Chiedo, a tal proposito, l'autorevole parere del Partito."

Peppone fece la grinta scura: "'Il Partito'" disse facendo cadere le parole dall'alto "'esige da tutti i suoi membri che essi, anche nella loro condotta personale, siano un esempio morale per gli altri. Il Partito non può essere indifferente verso quei comunisti che, con la loro condotta indegna, compromettono il suo prestigio, lo compromettono moralmente. Il comunista, ispirandosi al marxismo-leninismo, collega strettamente la sua vita personale con l'attività del Partito; le sue aspirazioni coincidono pienamente con le aspirazioni del Partito. Il vero comunista si distingue per la sua modestia e per la sua intollerabilità verso le cose superflue. Le organizzazioni di Partito svolgono il loro lavoro di educazione e correggono quei comunisti che, a danno del dovere sociale, cominciano a concentrare i loro pensieri principalmente sulle questioni del loro benessere personale, cominciano a coprirsi di muffa piccolo-borghese!'"

Così parlò Peppone e recitò la sua lezione perfettamente, tanto che il compagno Oregov lo guardò con palese ammirazione e gli sorrise per la seconda volta.

"L'autocritica non paga il crimine" continuò, sentito il parere del Partito, don Camillo. "Anche i preti, che pure rappresentano l'ipocrisia e la disonestà fatta persona, intimano al penitente che confessa un furto, la restituzione del maltolto."

Peppone che stava schiumando per la rabbia saltò su:

"Compagno, tu non conosci i preti! Essi cercano di fare a mezzo col ladro".

"Parlavo in linea teorica" precisò don Camillo.

"Ciò che ha illegalmente acquistato il compagno Bacciga è da considerare rubato."

L'assemblea discusse, poi il compagno Scamoggia avanzò una proposta:

"Il maltolto venga restituito all'Unione Sovietica. Il compagno Bacciga faccia omaggio della stola alla compagna Nadia Petrovna".

Nacquero discussioni animate, che furono troncate dalla compagna Petrovna:

"Ringrazio del gentile pensiero che però risente un po' di quella 'muffa piccolo-borghese' di cui parlava il vostro capo. Ho detto al compagno Oregov che voi avete proposto di offrire a Sonia Oregovna, sua moglie, la stola di visone che il compagno Bacciga aveva comprato proprio per lei".

Era una soluzione formidabile e l'assemblea l'approvò per acclamazione. Il compagno Bacciga fu costretto a sputare la stola che venne offerta da Peppone al compagno Oregov, a nome della cellula spaziale "Nikita Kruscev".

Il particolare delle calze venne dimenticato.

Ma il Bacciga se lo ricordava.

E, quando don Camillo, prima di chiudere la seduta, propose per il compagno Bacciga una sospensione di mesi sei, il Bacciga lo guardò con odio implacabile.

Poi, mentre salivano per la scala, trovò il modo di avvicinarsi a don Camillo e di sussurrargli:

"Compagno, nel Partito comunista, uno di noi due è di troppo".

"In questo caso è meglio che se ne vada quello disonesto" gli rispose don Camillo.

Nella stanzetta, prima di spegnere la luce, don Camillo trasse dalla borsa il famoso notes e scrisse: "N. 2 - Liquidato moralmente il compagno Bacciga".

Peppone si protese fuori dal letto e gli strappò di mano il libretto: lesse l'annotazione poi glielo ributtò:

"Preparatevi a scrivere: 'N. 3 - Liquidato il sottoscritto dal compagno Peppone' ".

Don Camillo lo guardò con alterigia:

"Compagno" gli disse. "Tu dimentichi che stai parlando con un dirigente. Non è mica facile liquidare un dirigente del Partito comunista."

"Si vede che non conoscete il Partito comunista!" ghignò feroce Peppone ficcando la testa sotto le lenzuola.

POLITICA DA VIAGGIO

"Compagno, tu hai un ruolino di marcia?"

Peppone, che stava facendosi la barba, si volse corrucciato verso don Camillo:

"Affari miei" rispose con malgarbo.

"Affari nostri" replicò don Camillo. "Come capocellula, ho il dovere di conoscere i miei uomini."

"Voi avete un solo dovere" disse Peppone: "quello d'andare all'inferno assieme alla vostra stramaledetta cellula."

Don Camillo volse gli occhi in su:

"Signore," esclamò "avete sentito? Di tutte le cellule comuniste dell'universo, questa è l'unica che abbia un cappellano, e lui la chiama 'stramaledetta'".

Tutto è relativo, a questo mondo, e anche un rasoio di sicurezza, a usarlo come fosse una zappa, può diventare il più malsicuro degli arnesi. Peppone lo usò appunto, come se dovesse zapparsi il mento e il mento di Peppone si scucì. D'altra parte, come poteva controllarsi un senatore comunista ricordando, improvvisamente, d'aver rimorchiato fin lì, nel cuore della Russia sovietica, un prete travestito da compagno-di-sicura-fede e d'aver permesso, allo stesso diabolico emissario del Vaticano, di diventare capocellula?

Mentre, ruggendo, Peppone armeggiava per tamponarsi il mento, don Camillo, con bel garbo, rimetteva dentro la valigia di Peppone il taccuino che aveva diligentemente consultato, concludendo:

"Compagno, se il ruolino di marcia è affare tuo personale, facciamo conto che non esista. Però, non prendertela con me, se commetterò qualche gaffe".

Lo Scamoggia venne ad avvertire che il torpedone aspettava alla porta dell'albergo.

*   *   *

Era una grigia mattina d'autunno: nelle strade spopolate, donne infagottate in abiti da lavoro maschili lavavano e spazzavano l'asfalto. Donne in pantaloni manovravano i vecchi tranvai scalcinati. Altre donne in tuta bitumavano una piazzetta e donne con brache impolverate lavoravano come manovali in un edificio in costruzione. Davanti a un "Gastronom", una lunga coda di donne: queste, però, in abiti assai modesti, ma decisamente femminili.

Don Camillo si protese verso Peppone e gli sussurrò all'orecchio: "Qui, le donne, non solo hanno gli stessi diritti degli uomini, ma hanno anche gli stessi diritti delle donne".

Peppone non lo degnò d'uno sguardo.

Don Camillo e Peppone occupavano gli ultimi

sedili del carrozzone, il compagno Oregov e la compagna Petrovna i due primi, subito dietro l'autista: gli otto "eletti" erano sistemati nei rimanenti seggiolini a destra e a sinistra del corridoietto centrale.

Questa dislocazione permetteva alla compagna Petrovna di dominare tutta l'assemblea quando, alzandosi in piedi e volgendosi, traduceva le comunicazioni del compagno Oregov.

E permetteva, altresì, al compagno don Camillo di farsi intendere - parlando a mezza voce - da Peppone e dai compagni Tavan e Scamoggia, seduti rispettivamente davanti a lui e a Peppone, senza che gli altri, e l'interprete, potessero udire le sue parole.

Particolare assai importante perché don Camillo, liquidato definitivamente il compagno Rondella e minata alla base la fede del compagno Bacciga, aveva ora messo gli occhi sul compagno Tavan.

"*Tavan Antonio - anni 42 - nato e residente a Pranovo (Veneto) - Iscritto al Partito dal 1943 - Mezzadro. Attivissimo, abile, tenace, fidatissimo: da impiegare ESCLUSIVAMENTE nell'ambiente contadino, data la sua visione limitata dei problemi sociali ed economici. Padre socialista. La sua famiglia conduce a mezzadria da centocinquant'anni lo stesso podere. Agricoltore abile e laboriosissimo.*"

Questo stava scritto sul ruolino di marcia e don Camillo attendeva al varco il compagno mezzadro, unico contadino fra gli "eletti".

Abbandonata la città, ecco la campagna triste e sconfinata. La strada, ora, era stretta e fangosa.

"Stiamo attraversando il sovcos 'Bandiera Rossa' " spiegò la compagna Petrovna. "Uno dei primi sorti dopo la Rivoluzione d'Ottobre. Ha un'estensione totale di sedicimila ettari, di cui seimila arativi. È equipaggiato con cinquantaquattro trattori, quindici mietitrebbia, quindici autocarri. Gli operai annualmente addetti alla produzione sono trecentottanta. Le grandi aziende di Stato che vanno sotto il nome di sovcos sono oggi più di seimila, con quattro milioni di bovini, sei di suini e dodici di ovini..."

Come sbucando dalla terra, apparve un lontano abitato. Piccole case sparse attorno ad alcuni smisurati capannoni col tetto coperto di lamiera ondulata: granai, magazzini, stalle, officine.

Il carrozzone continuava a beccheggiare nella stradetta fangosa: s'incominciarono a vedere, in giro, abbandonati nella umida terra arata, massicci trattori cingolati, incrostati di fango e di ruggine.

Quando il gruppo di edifici fu più vicino, si videro altri trattori, autocarri e macchine agricole d'ogni genere piantati là, all'acqua e al sole, nei grandi spiazzi davanti ai capannoni.

Don Camillo sospirò:

"Quattro milioni di vacche" disse a Peppone.

"Certo, è un bel mucchio!" rispose Peppone.

"Più i ventisette milioni dei colcos, fanno trentun milioni di capi."

"Una cosa colossale!" si entusiasmò Peppone.

"Alla fine del 1960 saranno quaranta milioni" incalzò perfido don Camillo. "Però, per il momento, sono ancora due milioni e duecentomila capi meno del patrimonio bovino esistente nel 1928, prima della collettivizzazione."

Peppone guardò perplesso don Camillo.

"Compagno, l'Unione Sovietica è l'unico Paese al mondo dove si sa tutto. Dove si dicono pubblicamente le cose che vanno e quelle che non vanno" spiegò don Camillo. "Queste, sono le statistiche ufficiali e, così, si deve dolorosamente concludere che, nell'Unione Sovietica, mentre l'industria, la scienza e tutto il resto, hanno fatto passi da gigante, nel settore agricolo si lotta duramente ancora. E si son dovuti dissodare tredici milioni di ettari di terre vergini siberiane con l'aiuto degli operai volontari di Mosca, di Kiev eccetera."

Don Camillo allargò le braccia poi, dopo aver sbirciato le orecchie del compagno mezzadro seduto davanti a lui, sparò il colpo vigliacco:

"Compagno," confidò a Peppone "tu hai visto in che stato sono quei trattori e potrai giudicare se sbaglio. Io ti dico che il guaio è uno solo: tutto il mondo è paese e i contadini sono sempre contadini. Guarda da noi: chi sono i più duri a smuoversi? I contadini. Sì, i braccianti agricoli si muovono, lottano, ma sono operai. Operai dell'agricoltura, ma operai. Prova a portare in piazza degli affittuari o dei mezzadri! Provati a fargli capire gli interessi della categoria e della causa proletaria!"

Le orecchie del compagno Tavan erano dritte e non perdevano una sillaba.

"E adesso, guarda qui" continuò spietato don Camillo. "Chi sono i più duri, quelli che rallentano la marcia di tutto il Paese? I colcosiani che se ne infischiano della terra della cooperativa e pensano soltanto a cavar fuori roba da quella biolca o biolca e mezzo di terra che lo Stato ha loro generosamente regalato. Compagno: ottantamila sono i colcos e seimila i sovcos, ma le vacche di proprietà privata dei colcosiani sono diciassette milioni mentre, fra colcos e sovcos, esse arrivano solo a quattordici milioni. Bisogna toglierglielo quel pezzetto di terra: non se lo meritano. E glielo toglieranno."

Le orecchie del compagno Tavan stavano assumendo una intensa colorazione rossa.

"Guarda da noi" insisté don Camillo. "Chi alimentava la borsa nera durante la guerra? I contadini. E chi alimenta, qui, il mercato nero? I colcosiani... Dov'è, da noi, che i preti hanno ancora maggior presa? Fra i contadini. E, nell'Unione Sovietica, perché i preti riescono a sopravvivere ancora ritardando il cammino del progresso? Perché sono sostenuti dai rubli dei colcosiani."

Le orecchie del compagno Tavan avevano raggiunto quel rosso ciliegia che già infiammava il viso di Peppone.

"Compagno" concluse spietato don Camillo. "In un Paese che ha conquistato, in ogni campo, il primato mondiale, che è riuscito ad arrivare fino alla Luna, chi è rimasto chiuso nel suo gretto egoismo e insidia il comunismo? Il colcosiano. Il contadino. Brutta razza, i contadini."

"Ben detto, compagno!" approvò lo Scamoggia voltando la testa. "Mi fanno ridere quelli che vogliono dare la terra ai contadini. Sì: gli diamo la terra e loro cosa fanno? Ci affamano! La terra è roba di tutti e deve andare a tutti. La terra allo Stato comunista. E i contadini devono essere trattati come gli operai. Il contadino, siccome zappa la terra, deve avere il frumento, il latte, i polli? E l'operaio che fabbrica le automobili perché non dovrebbe avere la macchina? Del resto, il fascismo chi ce l'ha regalato? I contadini. La camicia nera non era forse la tenuta di lavoro dei vostri contadini emiliani e romagnoli?... Guarda là, quell'impunito come assassina quel trattore!"

Effettivamente, il trattorista che manovrava il cingolato lì vicino alla strada, faceva rabbrividire: però, ad onor del vero, non si trattava d'un contadino ma d'un operaio specializzato delle MTS.

Comunque, era arrivato come il cacio sui maccheroni e, se non aiutava molto la realizzazione del sesto piano quinquennale, aiutava la realizzazione dei piani di don Camillo.

"Burino!" gli gridò lo Scamoggia, mentre il carrozzone passava vicino al cingolato.

Ma il "compagno burino" lo credette un saluto e rispose agitando il braccio e sorridendo stupidamente.

Le orecchie del compagno Tavan erano diventate pallide.

Peppone scrisse qualcosa su un pezzetto di carta e lo passò a don Camillo spiegando:

"Compagno, vedi di tenerne conto per la relazione".

"Va bene, compagno" rispose don Camillo dopo aver preso visione dell'appunto che diceva: "O la piantate, o vi rompo uno stinco!"

Il pericolo che lo Scamoggia continuasse la polemica anticontadina venne scongiurato dalla compagna Nadia Petrovna che incominciò a parlare accaparrandosi la completa attenzione del compagno Scamoggia:

"Abbiamo attraversato senza fermarci il sovcos 'Bandiera Rossa' perché, essendo essenzialmente un'azienda cerealicola, e dato che le semine sono già terminate, non avrebbe offerto sufficiente motivo di interesse. Stiamo ora avviandoci al colcos di Grevinec, una cooperativa contadina che lavora duemila ettari di terreno e ha colture varie e allevamento di bestiame bovino e suino. È completamente autonoma, e può quindi svolgere senza intralci il suo piano, perché non dipende più dalle MTS, ma ha acquistato dalle MTS il macchinario che le necessita. Ecco, compagni: qui cominciano le terre del colcos di Grevinec..."

Non occorreva dirlo perché, pur non cambiando la natura del terreno, la faccenda si presentava in modo molto diverso: tutto più ordinato, più pulito, con solchi diritti, campi ben livellati e, nei pascoli, bestie ben nutrite.

Le case del villaggio di Grevinec erano le normali miserabili catapecchie dei borghi russi, basse, col tetto di paglia: ma ognuna aveva attorno un pezzetto di terra coltivato con estrema cura, con piccolo frutteto e orto. E, nei recinti annessi ad ogni catapecchia, c'erano galline, il maialetto e, nella stalla, la vacca.

L'unico edificio d'una certa mole e di qualche pretesa era quello del soviet rurale, col tetto di lamiera ondulata e l'altro, molto più modesto, della scuola.

La compagna Petrovna spiegò che il novantatré per cento dei colcos erano elettrificati: disgraziatamente quello di Grevinec faceva parte dell'altro sette per cento.

Per arrivare al villaggio, bisognava servirsi di una delle normali strade russe di campagna e, così, la cellula volante "Nikita Kruscev", giunto il carrozzone a circa un chilometro da Grevinec, comunicò al compagno Oregov che tutti avrebbero volentieri continuato a piedi, per sgranchirsi le gambe.

Il fango si era indurito e, avendo cura di non precipitare dentro le carreggiate profonde un paio di spanne, si riusciva a camminare.

Mentre sgambettavano verso il villaggio, sopraggiunse un biroccio trascinato da un cavalluccio rustico e, sul biroccio, c'era un ometto piuttosto rotondo, in stivaloni, gabbano di cerata con un collo di pelo e un berretto di pelo sulla zucca.

Mentre passava, don Camillo se lo guardò bene ed ebbe come un sussulto: ".Compagna," domandò alla Petrovna raggiungendola con un balzo "chi è quel signore?"

La compagna Nadia si mise a ridere, poi spiegò al compagno Oregov perché ridesse e anche il compagno Oregov fece una risatina.

"Non hai sbagliato, compagno" spiegò la Petrovna a don Camillo. "Quel 'signore' è un pop."

"Un prete?" si stupì lo Scamoggia che, naturalmente, navigava negli immediati paraggi della compagna Petrovna. "E cosa fa da queste parti?"

"Viene a portar via un po' di rubli a qualche vecchia rimbambita del colcos."

Lo Scamoggia si eccitò:

"Un prete! E voi lo lasciate andare in giro a combinare porcherie!"

La Petrovna lo guardò severamente:

"Compagno: articolo 124: '*Allo scopo di assicurare ai cittadini la libertà di coscienza, la Chiesa nell'Unione Sovietica è separata dallo Stato e la scuola dalla Chiesa. La libertà di praticare i culti religiosi e la libertà di propaganda antireligiosa sono riconosciute a tutti i cittadini'* ".

"Ma quello non è un cittadino, quello è un prete!" esclamò indignato lo Scamoggia.

La Petrovna rise e, naturalmente, dovette spiegare al compagno Oregov il perché della sua ilarità, suscitando nel compagno Oregov una gran sghignazzata.

"Compagno: nell'Unione Sovietica i sacerdoti hanno gli stessi diritti degli altri cittadini. Purché non facciano propaganda, nessuno li molesta. Se qualcuno vuole il pop, se lo paghi e si accomodi."

Lo Scamoggia si volse verso don Camillo:

"Compagno, avevi ragione tu. E io che non vedevo l'ora di arrivare qui per non trovarmi più fra i piedi neanche un prete!"

"I preti" stabilì Peppone con voce feroce "sono la più infame razza che esista sulla terra. Noè, quando fece salire sull'arca tutte le bestie, non voleva portarsi la vipera, ma il Padreterno gli gridò: 'Noè, e io come potrei fare a vivere senza i preti?'."

Il compagno Oregov, informato dalla Petrovna, rise di gusto e la battuta gli piacque tanto che volle prenderne nota sul suo taccuino.

Rise, un po' a stento, anche don Camillo e, portatosi alla pari di Peppone che arrancava in coda, gli disse a mezza bocca:

"Sei un disonesto, compagno. La storia che io ti ho raccontato ieri era diversa. Noè non voleva portare l'asino e allora Dio gli disse: 'E come potrebbe divertirsi il mondo senza senatori comunisti?' ".

"Suona meglio così" rispose Peppone. "Però bisognerà che domandi scusa alle vipere."

"Vile" sibilò don Camillo. "Te ne approfitti perché sono capocellula."

Camminarono un po' in silenzio poi Peppone saltò su:

"Io l'avevo visto quell'uomo. Tutti l'avevamo visto, ma nessuno ci aveva fatto caso. Voi, invece, avete subito fiutato il prete! La voce del sangue. Però non vi illudete; quando comanderemo noi, voi non potrete girare né in biroccio né in macchina né a piedi. Chi è morto non si muove".

"Poco male" replicò calmo don Camillo accendendo il suo mezzo toscano. "In regime comunista, chi si muove è morto, quindi un morto vale l'altro."

Stavano entrando nel villaggio e Scamoggia si volse e gridò a don Camillo:

"Compagno, avevi ragione anche quando dicevi che sono i contadini a dare corda ai preti. Guarda!"

Il pop, nell'orto d'una delle prime case, stava parlando a un gruppo di vecchi e vecchie.

Don Camillo guardò e guardò anche il compagno Tavan che camminava davanti a lui. E le orecchie a parafango del compagno mezzadro diventarono rosse.

La compagna Nadia scosse il capo:

"Compagno," disse allo Scamoggia "non ti agitare. Si tratta soltanto di pochi vecchi. È così dappertutto. Morti questi quattro vecchi, morto anche Dio che vive soltanto nelle loro menti ottenebrate dalla superstizione. Morto Dio, finiti anche i preti. L'Unione Sovietica ha del tempo, davanti a sé, e può aspettare".

Aveva parlato a voce alta e sentì anche don Camillo.

"Figurati se non può aspettare anche Dio" borbottò don Camillo rivolto verso Peppone che non fece commenti.

Poi, siccome il compagno Capece Salvatore di Napoli, trentenne e dagli occhi ardenti, era lì a portata di mano, esclamò:

"Hai sentito, compagno Capece? Non ti pare in gamba la compagna?"

"In gambissima" rispose con sincero entusiasmo il compagno Capece. "Mi piace assai."

Don Camillo si mise a ridere:

"Dall'insistenza con la quale continua a guardarti" insinuò "direi che anche tu devi piacerle assai".

La compagna Nadia Petrovna non s'era mai sognata di guardare intenzionalmente il compagno Capece: ma il compagno Capece prese la cosa maledettamente sul serio.

"Compagno, voi mi capite" rispose allargando le braccia: "la donna sempre donna rimane."

Poi partì caracollando verso la testa della colonna e la compagna Nadia.

"Anche di questo, siete capace, pur di seminare zizzania!" ruggì Peppone.

"Compagno," rispose don Camillo "devo darmi da fare intanto che Dio è ancora vivo. Domani è troppo tardi."

AGENTE SEGRETO DI CRISTO

A Grevinec, i compagni italiani erano attesi: il dirigente del reparto agitazione e propaganda li prelevò all'ingresso del villaggio e li guidò alla sede del soviet rurale dove il primo segretario del comitato distrettuale del Partito e il presidente del colcos li accolsero con parole di circostanza che la compagna Nadia Petrovna tradusse puntualmente. Peppone rispose recitando il discorsetto che aveva diligentemente mandato a memoria e, alla fine del suo dire, batté anche lui le mani, applaudendo chi l'applaudiva.

Oltre ai pezzi grossi, c'era altra gente e si trattava, come risultò dalle spiegazioni con le quali la compagna Nadia corredò le presentazioni, dei responsabili dei vari settori: allevamento bovino, allevamento suino, coltivazione, frutticoltura, macchinario e via discorrendo.

Il salone delle assemblee dove si svolgeva il ricevimento dava soprattutto l'idea di un magazzino, anche perché l'arredamento era costituito da un rustico tavolo centrale con annesse panche, e da un ritratto di Lenin, appeso a una parete.

Il comitato dei festeggiamenti del colcos aveva provveduto a fare adornare il ritratto di Lenin con una frasca verde che girava tutt'attorno alla cornice luccicante di porporina d'oro, ma ciò non sarebbe bastato a rendere caldo e ospitale l'ambiente se la lunga tavola non fosse stata ingentilita da una generosa decorazione di bicchieri vuoti e di bottiglie piene di vodka.

Un bicchierozzo di vodka, buttato giù come fosse un bicchiere di lambrusco, riscalda rapidamente le orecchie e Peppone si trovò, in pochi secondi, col motore al massimo di giri. Cosicché, quando la compagna Petrovna ebbe spiegato che il colcos di Grevinec era uno dei più efficienti avendo raggiunto le massime punte nella produzione del latte, dei suini e dei cereali, domandò la parola e, piantatosi davanti al compagno Oregov, disse con voce ferma, staccando proposizione da proposizione, in modo da lasciare il tempo alla Petrovna di tradurre:

"Compagno, io vengo dall'Emilia; da quella regione, cioè, dove, esattamente cinquant'anni fa, esistevano, uniche in Italia e fra le pochissime del mondo, cooperative proletarie perfette. Una regione con agricoltura intensamente meccanizzata, e con una produzione di latticini, salumi e cereali fra le prime del mondo come quantità e qualità. Al mio paese, io e i miei compagni abbiamo fondato una cooperativa agricola di braccianti che ha avuto l'alto onore di ricevere dai fratelli dell'Unione Sovietica il dono più gradito!..."

Peppone trasse dalla sua borsa di pelle un fascio di fotografie che porse al compagno Oregov, e le fotografie rappresentavano l'arrivo trionfale, in paese, di "Nikita", il trattore ricevuto in regalo dall'URSS, il trattore stesso in azione di dissodamento sulle terre della cooperativa agricola "Nikita Kruscev" e mercanzia del genere.

Le grandi fotografie girarono da mano a mano e suscitarono in tutti viva impressione, a cominciare dal compagno Oregov.

"Procede l'opera di smantellamento del capitalismo" continuò Peppone "e, se non siamo ancora alla fase finale, siamo però a buon punto e, come potrebbe dirvi meglio di me il compagno Tarocci che appartiene alla mia stessa regione, è fatale che i privilegi dei proprietari e del clero vengano cancellati dalla lavagna della storia e incominci l'era della libertà e del lavoro. Le cooperative agricole modellate sui colcos, oltre alle aziende statali sul tipo dei sovcos, sostituiranno, fra non molto, l'attuale forma di conduzione schiavistica delle tenute agricole e, come è facile capire, è per me di grandissimo interesse conoscere del colcos ogni particolare tecnico e organizzativo. Vorrei quindi che tu, compagno Oregov, pregassi i compagni dirigenti del colcos di Grevinec di mettermi dettagliatamente al corrente dell'esatto funzionamento del colcos in ogni minimo settore."

Il compagno Oregov fece rispondere che si rendeva conto dell'importanza della richiesta e promise di fare del suo meglio per venire incontro al giustificato desiderio di Peppone.

Poi parlottò coi dirigenti del colcos e, alla fine, la compagna Nadia riferì a Peppone:

"Compagno, il tuo particolare interesse per l'aspetto tecnico e organizzativo è stato riconosciuto da tutti. Ma, se io rimanessi qui a disposizione tua e dei dirigenti del colcos, i tuoi compagni non potrebbero compiere quella completa visita al colcos che è stabilita dal programma. Fortunatamente, fra i tecnici qui presenti, c'è qualcuno che potrà spiegarti ogni cosa senza bisogno d'interpreti".

La Petrovna s'interruppe e fece un cenno. Dal gruppo dei dirigenti si staccò un uomo bruno, magro, in tuta da meccanico, fra i trentacinque e i quarant'anni.

"Il responsabile dei reparti meccanizzazione, rifornimenti, coordinamento lavori" spiegò la compagna Petrovna presentando l'uomo a Peppone. "Stephan Bordonny, italiano."

"Stephan Bordonny, cittadino sovietico" precisò l'uomo magro, porgendo la mano a Peppone ma guardando la Petrovna. "Cittadino sovietico come i miei figli."

La Petrovna sorrise per nascondere il suo imbarazzo:

"Hai ragione, Stephan Bordonny" rettificò. "Dovevo dire 'd'origine italiana'. Mentre noi proseguiamo la visita, tu rimarrai a disposizione del compagno senatore Bottazzi."

La compagna Petrovna se ne andò per raggiungere il gruppo e don Camillo fece l'atto di seguirla, ma Peppone lo bloccò:

"Tu, compagno Tarocci, resterai con me e prenderai nota di tutto quanto ti dirò io".

"Agli ordini" borbottò don Camillo a denti stretti.

"Sei membro del Partito?" s'informò Peppone, uscendo dalla baracca del soviet a fianco dell'uomo magro.

"Non mi è stato ancora concesso quest'onore" rispose con voce impersonale l'altro.

Era di una gelida cortesia: mentre don Camillo s'affaccendava a prendere appunti su un libretto di note, il cittadino Stephan Bordonny rispondeva con esattezza a ogni domanda di Peppone, ma si notava in lui lo sforzo per cercare d'esprimersi col minor numero di parole possibile. Conosceva perfettamente il funzionamento del colcos in ogni minimo dettaglio. Citava con sicurezza date e dati. Ma non aggiungeva mai niente di più.

Peppone gli offerse un mezzo toscano ed egli cortesemente lo rifiutò.

Con un semplice "grazie" rifiutò la nazionale offertagli da don Camillo. Siccome gli altri fumavano, trasse di tasca un pezzetto di carta da giornale, un pizzico di makorka e si arrotolò abilmente una sigaretta.

Visitarono il silos per il frumento, poi il capannone dov'erano contenuti i mangimi speciali i disinfettanti per i trattamenti dei frutteti e gli attrezzi agricoli per il lavoro manuale.

Tutto esattamente ordinato e catalogato.

In un angolo, c'era una strana macchina nuova di zecca e Peppone domandò a cosa servisse.

"A cardare il cotone" rispose il cittadino sovietico Stephan Bordonny.

"Il cotone?" si stupì don Camillo. "Con questo clima, voi coltivate il cotone?"

"No" rispose l'uomo.

"E come mai si trova qui?" insisté don Camillo.

"Un errore di smistamento" spiegò l'uomo. "È arrivata al posto di una macchina setacciatrice per la selezione del seme di frumento."

Peppone fulminò don Camillo con un'occhiata atomica, ma don Camillo, ora che aveva trovato un uncino, ci si aggrappò:

"E voi selezionate il grano con una macchina per cardare il cotone?"

"No" rispose glaciale l'uomo magro. "Usiamo una macchina selezionatrice costruita con mezzi nostri, nella nostra officina."

"E quelli che hanno ricevuto la selezionatrice, con cosa cardano il cotone?"

"È cosa che non interessa il colcos di Grevinec" rispose l'uomo.

"Errori di questo genere non dovrebbero succedere" osservò vilmente don Camillo.

"La vostra patria è trecentomila chilometri quadrati" comunicò con voce ufficiale l'altro. "L'Unione Sovietica è oltre ventidue milioni di chilometri quadrati di superficie."

Intervenne Peppone:

"Stephan Bordonny," disse spedendo una zampata sul piede sinistro di don Camillo "sei tu l'addetto a questo magazzino?"

"No, io collaboro. Vi interessano gli allevamenti di bestiame?"

"Mi interessa il parco macchine agricole" rispose Peppone.

Il capannone delle macchine agricole non si presentava bene perché non assomigliava neppure a un capannone ma era una gran baracca con le pareti di legno e paglia e il tetto coperto di rugginosa lamiera.

Però, una volta entrati, c'era da rimanere a bocca aperta. Sul pavimento di terra battuta non c'era un bruscolo e le macchine, perfettamente ordinate, erano tirate a lucido come per l'esposizione campionaria.

Il cittadino Stephan Bordonny conosceva le macchine una per una, dall'a alla zeta: età, ore di lavoro compiuto, consumo, rendimento, potenza, come se avesse, dentro il cervello, uno schedario completo.

In fondo alla baracca c'era l'officina, l'unica parte costruita in mattoni. Una povera officina col minimo indispensabile d'attrezzi e macchinari, ma ordinata in modo tale da strappare le lacrime a Peppone.

Un grosso cingolato era sotto cura e i pezzi del suo motore si allineavano su un banco. Peppone ne tolse su uno, lo guardò, poi guardò il cittadino Stephan.

"Chi è che ha rettificato questa roba?" domandò.

"Io" rispose sempre con indifferenza Stephan.

"Con quella specie di tornio!" esclamò Peppone indicando un vecchio e scassato arnese che poteva ricordare, appunto, un tornio.

"No" spiegò l'altro. "Con la lima..."

Peppone guardò ancora il pezzo. Poi ne tolse su un altro dal banco e lo considerò con pari stupore.

Infisso nel muro, sopra il banco, c'era uno spezzone di ferro e una biella penzolava da esso, legata con un pezzo di spago.

Stephan prese un punteruolo e percosse la biella che risuonò come una campanella.

"Dal suono che manda, si sente se è sbilanciata" spiegò l'uomo deponendo il punteruolo. "Questione d'avere un po' d'orecchio."

Peppone si tolse il cappello e si asciugò il sudore:

"Vecchio mondo" esclamò. "Io avrei giurato che quello fosse l'unico a usare questo sistema e, invece, te ne trovo un altro, qui, in mezzo alla Russia!"

"Quello chi?" s'informò don Camillo.

"Il meccanico di Torricella" rispose Peppone. "Era un fenomeno; preparava le automobili per i corridori. Venivano fin dall'estero. Un ometto che, a vederlo, non gli davi quattro soldi. Il secondo anno di guerra, un canchero inglese che voleva colpire il ponte sullo Stivone gli ha centrato la casa. È rimasto sotto le macerie lui, la moglie e i due figli."

"Uno" precisò il cittadino sovietico Stephan. "L'altro, per sua fortuna, era soldato."

Il cittadino sovietico Stephan Bordonny aveva parlato con una voce diversa dal solito.

"Mi fa piacere che qualcuno si ricordi ancora di mio padre" aggiunse.

Uscirono senza più parlare dall'officina. Trovarono, fuori, un cielo livido che minacciava tempesta.

"Io abito in quella casa là" disse Stephan. "Ci conviene arrivarci prima che venga giù il diluvio. Lì, aspettando che smetta di piovere, vi potrò fornire tutti i dati che ancora vi servono."

Arrivarono alla casa proprio quando incominciavano a precipitare i primi goccioloni. Era una casa rustica, povera, ma pulita e accogliente, con una vasta cucina dalle travi annerite e la grande stufa.

Peppone non s'era ancora riavuto dalla sorpresa.

Presero posto alla lunga tavola.

"L'ultima volta che andai all'officina di Torricella" disse Peppone come parlando tra sé "fu nel 1939. M'era capitata una 'Balilla' d'occasione e non riuscivo a capire cos'avesse il motore."

"Una biella sbilanciata" spiegò Stephan. "L'ho sistemata io. Quelle cosette, mio padre le dava da fare a me. E, poi, andava bene?"

"Va ancora" rispose Peppone. "Allora, quel ragazzino magro col ciuffo nero sempre sugli occhi..."

"Avevo diciannove anni" borbottò Stephan. "Lei non aveva i baffi allora..."

"No" intervenne don Camillo. "Se li è fatti crescere quando l'hanno messo in prigione per ubriachezza molesta e repugnante e schiamazzi notturni a sfondo antifascista. È in quell'occasione che ha guadagnato l'attestato di perseguitato politico acquistando il diritto di diventare senatore comunista."

Peppone pestò un pugno sulla tavola.

"Ho fatto anche qualcosa d'altro!" esclamò.

Stephan continuava a guardare don Camillo.

"Eppure" borbottò alla fine "lei non ha una faccia nuova. È anche lei dei paraggi?"

"No" rispose in fretta Peppone. "Abita da quelle parti ma è un importato. Non puoi conoscerlo. Dimmi, piuttosto: come sei arrivato qui?"

Stephan allargò le braccia:

"Perché ricordare quello che i russi hanno generosamente dimenticato?" disse con voce ritornata gelida. "Se vi servono altre spiegazioni sul col-cos, sono a vostra disposizione."

Intervenne don Camillo:

"Amico," disse "non ti preoccupare se lui è se-natore comunista. Parliamo da uomo a uomo. La politica non c'entra."

Stephan guardò negli occhi don Camillo e poi Peppone.

"Non ho niente da nascondere" spiegò. "È una storia che sanno tutti, qui a Grevinec ma, siccome nessuno ne parla, vorrei non parlarne neppure io."

Don Camillo gli allungò il pacchetto delle "na-zionali".

Fuori era scoppiato il diluvio e il vento butta-va rovesci d'acqua contro i piccoli vetri delle due finestre.

"Sono diciassette anni che sogno di fumare una 'nazionale' " disse Stephan accendendosi una siga-retta. "Non posso abituarmi al makorka e alla car-ta da giornale. Mi spaccano lo stomaco."

Inghiottì avidamente qualche boccata osser-vando poi il fumo azzurrino uscire lentamente dal-la bocca.

"La storia?" continuò. "Ero soldato dell'auto-centro. Un giorno, i russi ci presero. Era la fine del '42; neve e freddo da crepare. Ci spingevano avanti come una mandria di pecore. Ogni tanto, qualcuno cadeva: se non si rialzava, lo inchioda-va-no sulla neve fangosa della pista con una pallotto-la sulla fronte. Arrivò il mio turno e caddi. Capivo il russo e sapevo farmi capire: quando caddi, un soldato russo mi raggiunse e mi smosse col piede: 'Alzati!' ordinò. 'Tovarish,' gli risposi 'non ce la faccio più. Lasciami morire in pace.' La fine della colonna - io ero uno degli ultimi - era già lontana una decina di metri e incominciava a nevicare. Mi sparò un colpo mezzo metro più in là della testa borbottando: 'Vedi di morire alla svelta e di non mettermi nei guai'."

Stephan s'interruppe: era entrato in cucina un gran fagotto coperto di tela da sacco grondante acqua e, caduta la tela, si vide una bella donna che dimostrava poco più di trent'anni.

"Mia moglie" spiegò Stephan.

La donna sorrise poi spiegò in fretta qualcosa, in una strana lingua, e disparve su per la scaletta a pioli che spariva nel soffitto.

"Dio aveva stabilito che campassi" continuò Stephan. "Quando rinvenni, ero in una isba, al caldo. Ero caduto a mezzo chilometro da qui, tra il villaggio e il bosco e una ragazza di diciassette anni, tornando dal bosco, dove era andata a far legna, aveva sentito dei lamenti uscire da sotto un mucchietto di neve. Era una ragazza robusta: mi aveva agguantato per il bavero e, senza mollare la fascina che portava in spalla, m'aveva trascinato fino alla sua isba, come un sacco di patate."

"Buona gente, i contadini russi" osservò Peppone. "Anche Bagò del Molinetto è stato salvato così."

"Sì," riconobbe Stephan "ne hanno salvati parecchi, dei disgraziati come me. Però quella ragazza non era russa, ma polacca. L'avevano portata qui assieme al padre e alla madre perché c'era bisogno di gente che lavorasse la terra. Mi diedero da mangiare quel poco che avevano e mi tennero nascosto due giorni. Poi capii che la cosa non poteva durare e, siccome io e la ragazza riuscivamo a capirci bestemmiando il russo, le dissi di andare dal capo del villaggio e spiegare che un soldato italiano disperso le era capitato in casa da poche ore. Le dispiaceva, ma andò. Ritornò di lì a poco assieme a un tizio armato di pistola e due altri armati di fucile. Alzai le mani e mi fecero cenno di uscire. La capanna della ragazza polacca era la più lontana dal centro del villaggio e dovetti camminare un bel pezzetto sempre con le armi puntate alla schiena. Arrivammo finalmente, nello spiazzo dove avete visto il silos. Un camion carico di sacchi di grano era lì e un vigliacco maledetto lo stava assassinando per rimetterlo in moto. Mi dimenticai il resto e pensai soltanto al camion: mi arrestai e mi volsi verso il capo: 'Tovarish,' gli dissi 'quello scaricherà le batterie e non riuscirà più a metterlo in moto! Ordinagli di smetterla e di spurgare prima la pompa'. Il capo, sentendomi parlare in russo, rimase a bocca aperta, poi esclamò duro: 'E cosa ne sai tu?' Gli risposi che era il mio mestiere. Il maledetto continuava ad assassinare le batterie che già incominciavano a tirare gli ultimi. Il capo mi spinse avanti con la canna della pistola e quando fu arrivato al camion si fermò e gridò all'autista di smetterla e di guardare la pompa. Dal finestrino della cabina venne fuori la faccia melensa di un ragazzotto vestito da soldato. Non sapeva neanche di che pompa si trattasse. Era la prima volta che guidava un 'diesel'. Gli dissi di darmi il cacciavite e, avutolo, tirai su il coperchio del cofano e, in quattro e quattr'otto, spurgai la pompa d'iniezione. Poi riabbassai il coperchio e gli allungai il cacciavite. 'Adesso va' ' gli dissi. Dopo due secondi, il camion partiva.

"Mi portarono in una stanzetta della baracca del soviet e lì mi chiusero. Chiesi una sigaretta e me la diedero. Tornarono dopo dieci minuti e mi fecero uscire spingendomi, sempre con la bocca dei fucili contro la schiena, fino a una tettoia dove erano riparati alla bell'e meglio trattori e macchine agricole. Il capo m'indicò un cingolato e mi domandò perché non andasse. Feci portare dell'acqua bollente, riempii il radiatore e provai la messa in moto. Scesi subito: 'C'è una bronzina fusa' spiegai. 'Bisognerebbe smontare tutto, rifare la bronzina e rimontare. Ci vuole tempo'. Con quei quattro arnesi malandati che mi misero a disposizione, dovetti lavorare come un pazzo, ma quarantott'ore dopo, io stavo finendo di rimontare l'ultimo pezzo. Fu allora che arrivò un ufficiale con due soldati armati di parabellum. Rimasero a contemplarmi e, quand'ebbi finito e il radiatore fu pieno d'acqua bollente, io salii sul trattore. Dio aveva stabilito di salvarmi ad ogni costo: il motore attaccò subito e marciava come un orologio. Lo provai con un giretto attorno alla tettoia, poi lo rimisi al suo posto. Mi pulii le mani con uno straccio, saltai giù e mi presentai all'ufficiale a braccia levate. Mi scoppiarono a ridere in faccia. 'Te lo lasciamo, compagno' disse l'ufficiale al capo. 'Sotto la tua responsabilità. Se scappa, paghi tu.' Allora mi misi a ridere io. 'Signor capitano,' risposi 'la Russia è grande e io, al massimo, potrei scappare fino a quell'isba laggiù dove c'è una bella ragazza che mi piace molto, anche se mi ha denunciato al segretario del comitato distrettuale del Partito.' L'ufficiale mi guardò: 'Tu sei un bravo lavoratore italiano: perché sei venuto a combattere i lavoratori sovietici?' Gli risposi che ero venuto perché mi ci avevano mandato. Comunque, io ero capomeccanico dell'autocentro e, gli unici russi che avevo ammazzato, erano i due polli finiti sotto le ruote del mio camion..."

Fuori il diluvio era diventato una vera burrasca. Stephan si alzò e andò a parlare in russo dentro un telefono militare da campo che era in un angolo. Tornò di lì a poco:

"Dicono che potete rimanere qui: gli altri sono rimasti bloccati alla stalla numero tre che è a casa di Dio".

Tornò a sedersi.

"E allora?" domandò don Camillo.

"Allora, io incominciai un lavoro infernale perché rimisi a posto tutte le macchine, sistemai l'officina e la rimessa e, quando potei incominciare a pensare a me, la guerra era finita da due anni. Il padre della ragazza polacca era morto e io sposai la ragazza. Poi passarono degli altri anni e fu concessa la cittadinanza sovietica a me e a mia moglie."

"E non ha mai pensato a tornare a casa?" insinuò don Camillo.

"A fare che? A vedere il mucchio di calcinacci sotto il quale marciscono mio padre, mia madre e mio fratello? Qui, adesso, mi trattano come uno dei loro. Anzi, meglio, perché io lavoro e il mio mestiere lo so fare. Chi si ricorda di me, laggiù? Sono scomparso nel niente, come uno dei tanti dispersi in Russia..."

Avvenne, a questo punto, una confusione maledetta e la porta si spalancò di botto lasciando entrare, assieme a uno scroscio d'acqua, una strana bestia, una specie di millegambe dalla pelle scura e viscida.

Con un urlo, la moglie di Stephan, balzata fuori da chi sa dove, si precipitò verso la porta e la richiuse. Allora la pelle viscida del mostro cadde e, liberati dallo sbrindellato telone cerato sotto il quale s'erano riparati dalla pioggia, apparvero sei bambini uno più bello dell'altro e in perfetta scala, dai sei ai dodici anni.

"Amico, accidenti quanto sei disperso in Russia!" esclamò don Camillo.

Stephan sbirciò ancora don Camillo:

"Eppure" ripeté "io vi devo aver visto da qualche parte."

"Probabilmente no" rispose don Camillo. "Comunque, anche fosse, dimenticati d'avermi visto."

Erano sei bambini educati: starnazzavano come gallinelle ma bastarono tre parole della madre per ammutolirli. Si misero a sedere tranquilli nella panchetta attorno alla stufa chiacchierando a bassa voce.

"Sono piccoli" spiegò la donna con un italiano strano ma chiaro. "Avevano dimenticato la nonna malata."

Don Camillo si alzò:

"Vorremmo salutarla" disse.

"Sarà molto contenta" esclamò sorridendo la donna. "Non vede mai nessuno."

Salirono per la scaletta a piuoli e si trovarono in una bassa stanza a soffitta. Una vecchietta striminzita giaceva su un lettuccio dalle lenzuola candide, senza una piega.

La moglie di Stephan le parlò in polacco e la vecchia le bisbigliò qualcosa.

"Ha detto che il Signore benedica chi visita gli infermi" spiegò la moglie di Stephan. "È una vecchia donna e bisogna perdonare se la sua mente è ancora nel passato."

Sopra la testiera del lettuccio, appesa al muro, era una immagine e don Camillo si avvicinò curioso. "È la Madonna Nera!" esclamò.

"Sì" spiegò sottovoce la moglie di Stephan. "È la protettrice della Polonia. I vecchi polacchi sono cattolici. Bisogna capire i vecchi."

La moglie di Stephan s'esprimeva con molta cautela e un vago timore era nei suoi occhi.

Peppone risolse la situazione: "Non c'è niente da perdonare" affermò. "In Italia sono cattolici non solo i vecchi ma anche i giovani. L'importante è che siano onesti. Noi avversiamo solo i maledetti preti che, invece di fare i ministri di Dio, fanno i politicanti."

La vecchia le sussurrò qualcosa all'orecchio e la moglie di Stephan, prima di parlare, lanciò una occhiata interrogativa al marito.

"Non sono qui per farci del male" la rassicurò Stephan.

"Vorrebbe sapere..." balbettò la donna arrossendo "vorrebbe sapere come sta... il Papa."

"Anche troppo bene!" rispose ridendo Peppone.

Don Camillo dopo aver armeggiato sotto il giubbotto, trasse un cartoncino e lo porse alla vecchia che, dopo averlo guardato con occhi sbarrati, tirò fuori faticosamente dalle coperte una piccola mano tutta ossicini e lo afferrò.

Poi parlò concitatamente nell'orecchio alla figlia.

"Dice se è proprio lui" tradusse con l'ansia nella voce la moglie.

"Lui in persona" confermò don Camillo. "Papa Giovanni vigesimoterzo."

Peppone impallidì e si guardò attorno preoccupato, incontrando gli occhi stupiti di Stephan.

"Compagno" gli intimò don Camillo afferrandolo per un braccio e spingendolo verso la porta. "Scendi assieme a lui e andate a vedere come piove a pianterreno."

Peppone tentò di protestare, ma don Camillo tagliò corto:

"Non t'impicciare, compagno, se non vuoi avere dei guai".

Rimasero soli don Camillo, la moglie di Stephan e la vecchietta.

"Dille che può parlare perché io sono cattolico come lei" ordinò perentorio don Camillo.

Le due donne parlottarono a lungo quindi la moglie di Stephan riferì:

"Dice che vi ringrazia e vi benedice. Ora, con quell'immagine che le avete dato, si sente maggior forza nell'aspettare la morte. Ha sofferto molto, vedendo mio padre morire come un cane, senza la benedizione di Dio".

"Ma avete dei preti che girano liberamente e arrivano fin qui!" si stupì don Camillo.

La donna scosse il capo:

"Sembrano preti, ma non dipendono da Dio ma dal Partito" spiegò. "Non sono buoni per noi polacchi".

Fuori pioveva che Dio la mandava.

Don Camillo si strappò il giubbotto, cavò dalla finta stilografica il Crocefisso dalle braccia pieghevoli, l'infilò nel collo d'una bottiglia e lo dispose in mezzo al tavolino che era contro al muro, a fianco del lettuccio della vecchia. Trasse il bicchierino di alluminio che fungeva da Calice.

Un quarto d'ora dopo, allarmati dal lungo silenzio, Peppone e Stephan salivano, si affacciavano alla porta della soffitta e rimanevano senza parola: don Camillo celebrava la Santa Messa.

La vecchia, a mani giunte, lo guardava con occhi pieni di lagrime.

Quando la vecchietta poté ricevere la Comunione parve che la vita le rifluisse d'improvviso impetuosa nelle vene esangui.

"Ite, Missa est..."

La vecchia parlò convulsa all'orecchio della figlia che, d'un balzo, raggiunse il marito:

"Reverendo," disse ansimando "sposateci davanti a Dio. Ora siamo sposi soltanto davanti agli uomini".

Fuori diluviava: pareva che le nuvole di tutta la grande Russia si fossero concentrate nel cielo di Grevinec.

Mancava l'anello, ma la vecchia protese la mano e la consunta vera matrimoniale, un sottile cerchietto d'argento, si infilò nel dito della figlia.

"Signore," implorò don Camillo "non badate se mangio qualche parola o qualche periodo."

Peppone pareva la classica statua di gesso: don Camillo interruppe un momento il rito e lo spinse verso la porta:

"Spicciati, porta su tutta la banda!"

Ormai la pioggia stava decrescendo rapidamente, ma don Camillo era lanciato e pareva una mitragliatrice: battezzò tutt'e sei i bambini con una rapidità da togliere il fiato.

E non è che, come aveva detto, mangiasse le

parole o saltasse addirittura dei periodi interi. Diceva tutto quel che doveva dire, dalla prima sillaba all'ultima. Ma il fiato glielo dava Gesù.

*   *   *

Forse tutto era durato un'ora. Forse un minuto. Don Camillo non lo sapeva: si ritrovò seduto alla tavola di cucina con Peppone al fianco e Stephan davanti.

Il sole, ora, sfolgorava e nell'angolo semibuio della stufa sfolgoravano ancor più del sole, occhi sgranati che cercavano gli occhi di don Camillo.

Don Camillo li contò ed erano sedici: dodici dei bambini, due della madre e due della vecchietta. Ma, questi, non erano incastonati in uno dei visi celati nella penombra della stufa, ma li aveva dentro il cervello don Camillo perché mai aveva visto due occhi guardarlo così e non poteva toglierseli dalla mente.

La compagna Nadia Petrovna comparve sulla porta.

"Tutto a posto?" s'informò.

"Tutto perfettamente a posto" rispose don Camillo alzandosi.

"Siamo grati al compagno Oregov che ci ha messo a disposizione un tecnico competente come il cittadino Stephan Bordonny" aggiunse Peppone stringendo la mano a Stephan e avviandosi verso la porta.

Don Camillo fu l'ultimo a uscire e, giunto sulla soglia, si volse e tracciò un rapido segno di croce sussurrando: "*Pax vobiscum*".

"*Amen*" risposero gli occhi della vecchietta.

COME PIOVEVA

Com'era tassativamente stabilito dal programma ufficiale, il desinare agli ospiti italiani venne offerto dai colcosiani di Grevinec e tutti furono commossi dalla spontaneità del gesto.

"Compagno," comunicò discretamente don Camillo a Peppone che, per prudenza, l'aveva voluto vicino di tavola "io detesto coloro che, quando vanno all'estero, trovano tutte le cose superiori a quelle di casa loro: ebbene, davanti a questa sana minestra di cavoli, non posso evitare di pensare con schifo alla borghese pastasciutta di casa nostra."

"Compagno," gli rispose a denti stretti Peppone "dopo quanto hai combinato stamattina, meriteresti una minestra di chiodi in brodo d'arsenico."

"Be', quasi ci siamo" borbottò don Camillo.

In compenso, l'arrosto di montone e la vodka funzionavano lodevolmente, tanto che, alla fine, Peppone sentì il dovere di ringraziare gli ospiti.

Un discorsetto, in verità, molto convenzionale

al quale il compagno Oregov rispose con parole non meno convenzionali.

Fortunatamente, c'era il compagno don Camillo. La straordinaria avventura vissuta poco prima in casa di Stephan. e un paio di bicchierozzi di vodka gli avevano incendiato il cuore e scaldate le orecchie: costruitasi una formidabile rampa di lancio su granitiche citazioni di Marx, Lenin e Kruscev, partì come uno Sputnik e sparò un discorso da togliere il fiato: la stessa compagna Nadia Petrovna, che traduceva puntualmente proposizione per proposizione, tradiva nell'eccitazione della voce il suo entusiasmo. E gli occhi del compagno commissario Yenka Oregov scintillavano come per il riverbero d'una gran fiamma.

Parlò del colcos di Grevinec come d'una creatura viva e, probabilmente, i colcosiani di Grevinec s'accorsero d'un particolare che mai, prima d'allora, avevano notato: d'essere cioè uomini importanti e felici.

Quando concluse, con 'un finale verdiano che strappò a Peppone due lagrimoni grossi come nocciole, scoppiò un applauso atomico e il compagno Oregov balzò in piedi e andò ad abbrancare la mano di don Camillo continuandogliela a scuotere come se dovesse azionare una pompa d'incendio. E, mentre pompava, parlava in fretta, in tono eccitato.

"Dice il compagno Oregov" tradusse Nadia Petrovna "che il Partito ha bisogno di uomini come te per la propaganda rurale e vorrebbe che tu rimanessi. Abbiamo scuole specializzate e potrai imparare rapidamente la lingua russa."

"Ringrazia il compagno Oregov" rispose don

Camillo. "Gli chiedo soltanto il tempo di sistemare mia moglie e i miei piccoli figli. Tornerò."

"Ti concede tutto il tempo che ti occorre" gli spiegò Nadia Petrovna dopo aver parlato col compagno Oregov. "Per qualsiasi difficoltà sai dove rivolgerti."

I colcosiani portarono in tavola altra vodka e, quando gli "eletti" ripresero la via del ritorno, era già pomeriggio inoltrato.

* * * *

Il diluvio aveva trasformato la strada in una specie di fiumicello di fango e, per districare il torpedone da quella melma, ci volle il suo tempo.

. Dopo una decina di chilometri, arrivarono all'imbocco della strada che tagliava il sovcos "Bandiera Rossa": il canale era straripato e, sopra la strada, c'erano trenta buoni centimetri d'acqua.

Il compagno autista, con l'autorizzazione del compagno Oregov, deviò a sinistra verso Tifiz e il torpedone viaggiò per un paio d'ore su una carrareccia stretta e tortuosa che, però, aveva un fondo abbastanza consistente.

Disgraziatamente riprese a piovere e, per il compagno autista, incominciarono i guai perché il carrozzone prese a sculettare rischiando di uscire, ad ogni momento, di strada. Così andò a finire che, dopo aver bloccato e sbloccato il differenziale cinquanta volte, alla cinquantunesima il compagno autista dimenticò di sbloccarlo e, alla prima curva, la corona del differenziale si sgranò come fosse di croccante.

E pioveva, e tutto dava l'idea che dovesse continuare a piovere Dio sa fino a quando. La sera incominciava a cadere e bisognò decidere qualcosa. Il villaggio di Tifiz era a soli cinque chilometri: il compagno autista venne spedito là con l'ordine di tornare con un autocarro o un cingolato del colcos.

Tornò a piedi: l'unica macchina del colcos di Tifiz in grado di funzionare era un elevatore per foraggi, con motorino autonomo.

Si decise che un arnese del genere poteva servire a ben poco e, anche in considerazione del fatto che, quello di Tifiz, faceva disgraziatamente parte di quei miserabili sei colcos su cento non ancora forniti di telefono, ci si incamminò a piedi verso il villaggio. E fu una marcia da non dimenticare perché, alla pioggia, s'era aggiunto il vento e si camminava con la melma fino alla caviglia.

Entrarono a Tifiz ch'era già buio e il villaggio, essendo uno di quegli otto su cento non ancora forniti di luce elettrica, non presentava un aspetto molto accogliente.

Il salone delle assemblee del soviet rurale era ingombro di sacchi di mangimi, ma il compagno Oregov tirò fuori una voce che non s'era mai sentita, e in mezz'ora i sacchi sparirono.

Una squadra di colcosiani armati di ramazze perfezionò l'opera di sgombero e gli "eletti", che aspettavano sgomenti, raggruppati in un angolo dello stanzone squallido, male illuminato dalle lanterne a petrolio, si trovarono sepolti da un nembo di polvere.

Il compagno mezzadro Tavan era proprio lì davanti a lui e don Camillo ne approfittò per continuare la sua azione di smantellamento morale.

"Compagno," comunicò con voce aspra a Peppone: "ricordi quello che ti dicevo stamattina, a proposito dei contadini? A Grevinec, dove i dirigenti sono funzionari inviati dal Partito, tutto funziona meravigliosamente. Qui, dove i colcosiani si autodirigono, non funziona niente. Autocarri e trattori guasti e il salone del soviet trasformato in un magazzino. Non è così anche da noi? Alle Pioppette, dove sono stati rifatti fabbricati rustici e civili, cosa trovi nelle vasche da bagno? Patate. E nel capannone delle macchine? Fascine, melicacci, polli, tacchini. E le macchine a marcire sotto i portici o, addirittura, all'aperto. Credi, compagno: il contadino non ha le qualità necessarie per vivere libero in un mondo socialista. Deve semplicemente eseguire degli ordini. Ma che 'terra ai contadini'! La terra allo Stato, dal primo centimetro all'ultimo: sovcos statali fino a quando il contadino non abbia acquistato la coscienza dei suoi doveri e della sua funzione."

"Hai voglia, compagno!" ridacchiò lo Scamoggia. "Secoli, ci vorranno, prima che entri un po' di cervello in quelle zucche di cemento."

La luce era poca, ma le orecchie a parafango del compagno mezzadro Tavan avevano preso un rosso così acceso da farsi facilmente notare anche nel buio completo.

Don Camillo si preparò a sparare la seconda raffica, ma il tacco della scarpa destra di Peppone si posò, ammonitore, sulla punta del suo piede sinistro, in corrispondenza del callo più sensibile. Con la bocca di un mitra appoggiata sull'ombelico, don Camillo non avrebbe taciuto. Ma, con un tacco puntato su un callo già duramente provato dalla cattiva stagione, e dal duro cammino, insistere sarebbe stato pura follia. Si può gettare l'anima oltre l'ostacolo: ma gettare il callo oltre l'ostacolo non si può.

Don Camillo sospese l'offensiva.

Il polverone si diradò: il compagno Oregov, piantato a gambe larghe in mezzo allo stanzone impartiva ordini rapidi, tassativi.

Arrivarono dei cavalletti e delle sponde d'autocarro e fu organizzata una lunga tavola. Poi il magazziniere sputò un rotolo di tela grezza e la tavola ebbe una tovaglia.

L'enorme stufa incominciava a cacciar fuori calore. Arrivarono altri lumi. Poi scodelle, posate, bicchieri.

Il compagno Oregov volse gli occhi verso l'angolo nel quale erano relegati Peppone e compagni e si rese fulmineamente conto della situazione. Un ordine e, pochi minuti dopo, arrivarono tre ragazze con bicchieri e bottiglie.

Due passate di vodka ed ecco completamente ristabilita nell'animo degli "eletti" la fede nella vittoria della causa socialista. Eccezion fatta per il compagno don Camillo, nel cui animo la vodka non poteva che reintegrare sopiti timori.

Data la fame veramente comunista che avevano in corpo, quando arrivò in tavola una gran pentola fumante piena di zuppa di cavoli e patate, Peppone e compagni ebbero un muggito di gioia e si buttarono all'arrembaggio. E, come li vide sazi, il compagno Oregov comunicò, attraverso l'interprete, il suo rincrescimento per tutti i deprecabili inconvenienti che s'erano verificati.

Don Camillo era diabolico quel giorno e, senza un istante di esitazione, affermò:

"Siamo felicissimi di tutto quanto è accaduto perché questo ci ha permesso di ricevere, dal compagno Oregov, una stupenda lezione pratica su come debba comportarsi un dirigente comunista. Al mio paese un vecchio proverbio dice che l'occhio del padrone ingrassa il cavallo. Possiamo oggi dire, nell'era della meccanizzazione e dell'uguaglianza sociale e, quindi, liquidati il cavallo e il padrone, che l'occhio del Partito ingrassa il compagno!"

Al compagno Oregov la battuta piacque in un modo incredibile e il brindisi alla sua salute lo commosse.

Peppone, come parlamentare comunista, capo della missione e funzionario del Partito, portava sempre con sé una gran borsa di pelle gonfia di documenti importanti e riservati. Mentre mangiava ebbe l'ingenuità di deporre la borsa per terra, alla sua sinistra, sì che don Camillo, colto il momento giusto, poté aprirla, eseguire un sondaggio e scoprire che, sotto le scartoffie, sonnecchiavano, adagiati sul fondo, una bottiglia di cognac e un salame fuori-serie.

Peppone si accorse che qualcosa non andava quando la compagna Nadia annunciò ad alta voce che il compagno Oregov ringraziava di cuore il compagno senatore e accettava il dono solo a condizione di dividerlo con tutti i convitati.

E il dono era rappresentato dalla bottiglia di cognac e dal salame del compagno Peppone.

"Compagno," gli disse don Camillo tornando al suo posto "è stato un gran bel gesto, da parte tua. Anche l'idea di offrire un giro di vodka coi rubli che t'erano rimasti delle diecimila lire cambiate all'albergo è stata veramente da signore."

Peppone lo guardò con odio.

"Non è finita" gli rispose a mezza bocca. "Per arrivare in Italia, c'è ancora tanta strada."

*   *   *

Il compagno Oregov sedeva a un capo della lunga tavola: alla sua destra erano il presidente e il segretario politico del colcos, alla sua sinistra era la compagna Nadia Petrovna, e, alla sinistra della compagna Nadia, stava appiccicato il compagno Capece Salvatore che, con una manovra studiata diligentemente, era riuscito a far fesso il compagno Nanni Scamoggia incuneandosi fra lui e la ragazza.

Cognac e salame dimostrarono borghesissime tendenze sedentarie e rimasero appiccicati lì perché s'erano affezionati a Oregov e ai suoi vicini, e lì finirono i loro giorni.

"Compagna" esclamò a un bel momento il compagno Capece Salvatore volgendo due languidissimi occhi verso la donna. "Io potrei fare un discorso ancora più bello di quello del compagno Tarocci, se avessi una chitarra."

La compagna Nadia parlottò col presidente del colcos e nessuno fece caso al fatto che il colcosiano si alzasse e sparisse, perché la confusione e il vocio e il caldo e la vodka e il cognac e il fumo delle sigarette avevano creato qualcosa che somigliava molto alla romanesca "caciara". Ma quando l'ometto riapparve tutti se ne accorsero perché l'urlo che gettò il compagno Capece Salvatore era inumano.

"La chitarra!"

Il colcos di Tifiz non aveva un motore funzionante, ma possedeva una chitarra funzionante. In più, disponeva anche di una fisarmonica con annesso suonatore.

Mentre il compagno Capece Salvatore, arraffata la chitarra, l'accordava, il ragazzotto arrivato al seguito del capocolcos si sedette e attaccò una marcetta.

Qualcosa di penoso, uno strazio che, a un bel momento, fece perdere ogni riserbo al duro e taciturno compagno Tavan, il mezzadro dalle orecchie a sventola.

Il compagno Tavan balzò in piedi e, raggiunto il ragazzo, gli strappò la fisarmonica sparando un accordo che fece ammutolire tutti.

Poi attaccò il *Volo del calabrone*, poi la *Mazurka* di Migliavacca, e le sue orecchie parevano perfino piccole, tanto suonava bene.

Due minuti dopo, lo stanzone era zeppo di gente; vecchi e vecchie, giovanotti e ragazze. Non ne mancava uno.

Il compagno Capece Salvatore era pronto e, mentre il compagno "orecchie" gli faceva il controcanto, attaccò *'O sole mio* con una voce nella quale c'era tutto: dal Vomero a Posillipo, da Zi' Teresa a funiculì-funiculà, dalla luna marinara al problema del Mezzogiorno.

Se non avesse concesso il bis, lo avrebbero sbranato.

Cantò ancora una due tre, dieci volte e il compagno Scamoggia schiumava rabbia perché gli occhi del compagno Capece Salvatore non mollavano un secondo quelli della compagna Nadia Petrovna che pareva come allocchita.

Poi il compagno Tavan partì in quarta e attaccò una polka infernale e fu l'inferno. Tovaglia, tavole, cavalletti, tutto scomparve: chi voleva bere si accomodasse nell'ufficio dell'amministrazione del colcos, dove c'era una scrivania che poteva reggere bottiglie di vodka e bicchieri fin che si voleva.

Ballavano tutti fuorché don Camillo che per non assistere a quell'orrendo spettacolo, s'era ritirato nell'ufficio amministrazione a far compagnia alla vodka e allo squallido Lenin appeso al muro.

*   *   *

Lasciata la chitarra, il compagno Capece Salvatore ballava con la compagna Nadia e non la mollava un minuto secondo: tanto che Peppone, dovendo comunicare qualcosa d'importante alla compagna Nadia, fu costretto a strappargliela dalle braccia.

"Compagna," le disse Peppone appartandosi in un angolo "divertirsi onestamente, dopo il lavoro, è lecito e chi, come il compagno Tarocci, non partecipa al divertimento della comunità non è un buon compagno e deve essere punito."

"Sono d'accordo" rispose Nadia Petrovna.

"Il compagno Tarocci" riprese Peppone "ha la stoffa del dirigente, ma in casa sua chi dirige tutto è sua moglie. Una tremenda donna afflitta da un cervello reazionario e da una spaventosa gelosia. Egli ora è qui, lontano migliaia di chilometri da sua moglie, ma ha paura a ballare. Deve ballare!"

"Compagno, ci penso io" rispose ridendo la compagna Nadia.

Cinque minuti dopo, una piccola banda di ragazze scatenatissime invase l'ufficio vodka e amministrazione: don Camillo venne divelto dalla sua sedia e, trascinato nello stanzone, dovette ballare.

Peppone si godeva la scena, e, non appena don Camillo venne avvinghiato dalla più bella e scatenata ragazza del gruppo, fece cenno e il flash del compagno Peratto Vittorio, fotografo torinese, scattò.

Una, due, tre, dieci, venti volte perché tutte le più pazze e indiavolate donne vollero farsi fotografare avvinghiate a don Camillo.

"Compagno" disse al fotografo Peppone, finito che fu il rollino. "Di quelle foto, ne rispondi con la vita."

Ci fu un po' d'intervallo per liberare lo stanzone dal fumo e portarono roba fresca da bere. Ma il ritmo della baraonda non ne risentì perché il compagno Peratto Vittorio imitò alla perfezione le voci di tutti gli animali domestici, il compagno Li Friddi, siciliano, si produsse con una armonica a bocca lunga sei o sette centimetri, il compagno Curullu, sardo, fece la macchietta dell'ubriaco che tenta d'infilare la chiave nella toppa, il compagno Gibetti, toscano, eseguì un pezzo d'opera cantando in falsetto. Da ultimo, il compagno Bacciga, genovese, fece impazzire i colcosiani con incredibili giochi di prestigio.

"Il dopolavoro e la televisione hanno fatto molto per il miglioramento culturale delle masse lavoratrici" comunicò don Camillo a Peppone.

"Indubbiamente" rispose Peppone. "Io credo

però che invece di farne dei manifesti, sia più conveniente cavarne una serie di cartoline da vendere a favore delle opere assistenziali del Partito."

"Di che cosa?"

"Delle foto scattate mentre il reverendo arciprete, in abito simulato, stava ballando allegramente."

"Non è finita" replicò cupo don Camillo. "Per arrivare in Italia, c'è ancora tanta strada."

Le danze avevano ripreso ed ecco un colcosiano piccoletto, magro, sui quarant'anni, avvicinarsi.

"Compagno," disse sottovoce a don Camillo esprimendosi in ottimo italiano "sei tu il capo?"

"No" rispose don Camillo indicando Peppone. "Il capo è questa vescica di lardo. Io sono soltanto il capocellula."

"Ve lo dico a tutt'e due," continuò l'altro parlando senza quasi muovere le labbra: "sta per succedere un guaio grosso. Il compagno romano, se il compagno napoletano non molla la ragazza, gli salta addosso e gli rompe la testa."

Era ben strano che un colcosiano parlasse così, ma bisognava evitare il pasticcio e Peppone partì a razzo.

Don Camillo incominciò a gesticolare rivolto allo strano colcosiano e quello, dopo averlo guardato un po', si mise a ridere facendo capire che aveva capito.

"Vodka! Vodka!" esclamò.

"Da! Da!" rispose don Camillo.

Nell'ufficio vodka e amministrazione poterono parlare liberamente.

"Signore," disse il colcosiano "io sono romeno."

"E come mai parli italiano con accento napoletano?"

"Perché sono di Napoli. Facevo il marinaio e, a diciannove anni, nel 1939, incontrai una guagliona. Veniva dalla Romania e tornò in Romania. Mi imbarcai su un mercantile che andava a Costanza. Là sbarcai e mi misi in giro per trovare la guagliona."

Il colcosiano allargò le braccia e sospirò scuotendo il capo.

"Non l'hai trovata?" s'informò don Camillo.

"L'ho trovata sì, ma non arrivai al tempo giusto."

"Troppo tardi! Già sposata?"

"No, troppo presto e non ancora sposata. Così la sposai io. Poi, per fortuna scoppiò la guerra, arrivarono i russi e, siccome volevano gente che lavorasse nei colcos, io mi presentai volontario e partii..."

                    *   *   *

Intanto che lo strano colcosiano faceva il suo rapporto, Peppone stava aggirando la compagna Nadia. Alla fine d'una mazurka, la portò via al compagno Capece e si buttò a capofitto nel valzer che la fisarmonica attaccò pochi istanti dopo.

"Compagna," le disse Peppone con voce grave "cerca di capirmi. Il compagno Scamoggia è un ottimo attivista e ben preparato, ma non possiede ancora una sufficiente maturità politica. Quindi ha ancora dei sedimenti borghesi."

"Me ne sono accorta anche io" convenne la compagna Petrovna. "Però, credo che possa liberarsene."

"D'accordo. Il guaio è che, stasera, quei sedimenti borghesi li ha ancora e, se tu non la smetti di ballare col compagno della chitarra, lo prenderà per il collo e gli darà un sacco di pugni. Conosco i miei uomini e lo so per sicuro. Non vorrei che la festa finisse in modo così antipatico. Comunque, il mio dovere era quello di avvertirti."

Finirono il ballo senza più parlare e, alla fine, si lasciarono.

Peppone si avviò deciso verso l'ufficio vodka e don Camillo lo mise al corrente di tutta la storia.

"È un poveretto che non si è mai occupato di politica" concluse "e chiede che lo aiutiamo. È nei guai."

Peppone si strinse nelle spalle:

"Ci si è messo lui" borbottò. "Perché non è rimasto dov'era?"

"Per via che c'era anche mia moglie" spiegò l'uomo. "Non avevo altro modo per sfuggirle. E poi, per un napoletano, è più facile fare il romeno in Russia che in Romania. Io starei benissimo: so il fatto mio, sono l'unico barbiere della zona e giro da colcos a colcos a fare barbe e capelli. Ma la mia specialità è la permanente."

"La permanente?"

"Comandante: le donne sono uguali in tutto il mondo e quando possono farsi belle, rinunciano magari al mangiare. Appena le altre hanno visto una ragazza con una testa da parigina, tutte hanno voluto l'ondulazione. E la voce è corsa da colcos a colcos. Voi mi capite!"

"Capisco sì" esclamò Peppone. "Non capisco perché tu ti trovi nei guai."

"Comandante, un uomo giovane, solo nella grande Russia sconfinata... Non vi lasciate anche voi ingannare dalla storia dell'amore libero. Mille volte, in Romania, m'avevano parlato dell'amore libero in Russia. Balle: anche qui se un uomo ti trova che fai un complimento alla sua ragazza o a sua moglie, sono sberle da togliere il fiato. Nel primo colcos, lo confesso, mi ci hanno trovato e mi hanno spedito a calci in un altro colcos. Poi anche in questo secondo, la scalogna mi ha perseguitato e sono passato, a calci, al terzo. E via discorrendo."

"E di che ti preoccupi?" disse sghignazzando Peppone. "L'Unione Sovietica ha ottantamila colcos."

"Il guaio è che io ho un sedere solo" spiegò con tristezza il colcosiano.

Peppone fu preso da un convulso di riso e don Camillo approfittò del momento di bonaccia:

"Capo" disse. "Questo poveraccio scherza, ma ha una voglia matta di rivedere Napoli. Perché non l'aiutiamo?"

"Aiutarlo? e in che modo? Mica possiamo portarcelo in Italia dentro una valigia."

"No: ma il compagno Rondella è stato rimpatriato e il tuo documento di viaggio è rimasto per undici persone, mentre adesso siamo dieci."

"Pazzia furiosa!" stabilì Peppone. "Col compagno Oregov che non ci molla un minuto secondo."

"Dovrà pur mollarci, a un certo punto."

"Non diciamo sciocchezze" tagliò corto Peppone. "Rimanga qui a fare il suo mestiere e lasci tranquille le donne degli altri."

"Comandante" protestò timido il colcosiano. "E che razza di comunismo sarebbe questo?"

"Sì, d'accordo, è un tipo divertente" stabilì Peppone "ma io, di questa storia, non voglio più sentir parlare."

Peppone uscì.

"Comandante, non mi abbandonate" implorò il colcosiano rivolto verso don Camillo. "Voi non dovete fare niente. Voi ditemi soltanto quando e di dove ripartite. Arriverò a calci fin là: non c'è nessuno che possa fermare un napoletano che vuol rivedere Napoli. Soltanto Dio lo può fermare. Ma Kruscev non è Dio."

Don Camillo, s'era copiato il programma e gli disse il giorno e il luogo della partenza.

"È tutto quello che posso fare per te" concluse. "Dimentica d'avermi conosciuto. Io l'ho già dimenticato."

*   *   *

Nello stanzone, l'inferno era sempre scatenatissimo e Peppone cercava disperatamente di rintracciare la compagna Nadia. Disperatamente perché non si vedevano più né il compagno Capece Salvatore né il compagno Nanni Scamoggia.

Finalmente la ragazza venne improvvisamente a galla ed egli la bloccò.

"E allora?"

"Sono arrivata troppo tardi" confessò la compagna Nadia Petrovna. "Erano già usciti tutt'e due. Li ho raggiunti quando tutto era stato fatto."

"Dov'è, adesso, Capece?"

"Nel fienile della stalla numero tre."

"E Scamoggia?"

"Nel fienile della stalla numero tre. Sta facendo gli impacchi freddi all'occhio del compagno Capece."

"Nessuno s'è accorto di quello che ha fatto Scamoggia?"

"Nessuno" rispose a denti stretti la compagna Nadia Petrovna. "Nessuno eccettuato il compagno Capece che s'è preso il pugno nell'occhio e la compagna Nadia Petrovna che s'è presa uno schiaffo."

La compagna Nadia Petrovna si irrigidì e strinse i pugni.

"Capisci?" disse con voce nella quale vibrava l'indignazione. "Capisci? Quel mascalzone ha avuto il coraggio di prendermi a schiaffi!"

La cosa era grave perché Nadia Petrovna non rappresentava una qualsiasi cittadina sovietica, ma era membro autorevole del Partito e funzionario statale.

"Capisco" rispose Peppone gravemente. "E ti chiedo: vuoi che gli dia tanti pugni da ridurlo peggio d'uno straccio o preferisci che io lo denunci al compagno Oregov?"

La compagna Nadia Petrovna scosse il capo.

"Per il buon nome del Partito" rispose nobilmente "bisogna saper sacrificare i propri risentimenti personali. Lasciamo correre. Ora è gonfio di vodka: quando gli saranno svaniti i fumi dell'alcool, comprenderà la gravità del suo gesto volgare e stupido."

Peppone tentennò il capo.

"Compagna," borbottò "come vuole Lenin, ti dirò la verità anche se essa è sgradevole: Scamoggia non ha bevuto un solo goccio di vodka o di cognac stasera. Il suo non è stato l'incosciente gesto d'un ubriaco, ma aveva un motivo e un significato precisi."

La compagna Nadia Petrovna era bellissima e gli occhi le brillavano come se fossero palpitanti di lagrime. La sua guancia sinistra era un po' più rossa dell'altra e la coperse con la mano.

"Compagno," confessò a bassa voce "è umiliante doverlo ammettere, ma credo proprio di non aver raggiunto neppure io una sufficiente maturità politica."

Sopraggiunse don Camillo.

"C'è qualcosa che non va?" s'informò.

"No" rispose perentorio Peppone. "Tutto regolare."

TRE FILI DI FRUMENTO

Nella notte, un vento furibondo, venuto da Dio sa dove, s'era scatenato sul grande pianoro e il suo alito gelato aveva indurito la terra fradicia di pioggia.

Don Camillo fu il primo ad aprire gli occhi al nuovo giorno e la sveglia gliela suonò il russare di Peppone. Candelotti di ghiaccio incrostavano i vetri delle piccole finestre percossi dal vento: la stufa smisurata emanava un dolce tepore e, stravaccati su lettucci di fortuna tutti attorno alla stufa, gli otto "eletti", sfiancati dalla gazzarra e gonfi di vodka, dormivano un sonno di piombo.

Anche don Camillo, come tutti gli altri, s'era buttato vestito sul suo giaciglio togliendosi soltanto le scarpe e Peppone stava nella cuccia di fianco.

"Se non russasse in quel modo inverecondo" pensò don Camillo dopo averlo contemplato per qualche istante "quasi mi dispiacerebbe di avergli combinato tanti guai."

Don Camillo eseguì un rapido controllo: eccettuati il compagno Oregov e la compagna Nadia Petrovna, erano tutti presenti e il compagno Capece Salvatore aveva la sua brava pezzuola bagnata sull'occhio sinistro.

"Gesù," implorò don Camillo "abbi pietà di questa povera gente e cerca di illuminare i loro cervelli pieni di buio."

Buttò giù le gambe dalla branda per infilarsi le scarpe ma, calzata senza nessuna particolare difficoltà la sinistra, quando tirò su da terra la destra, trovò un inaspettato impedimento. Il laccio doveva essersi impigliato in qualche fessura del pavimento di legno ed egli cercò di liberarlo con uno strattone.

Immediatamente il russare di Peppone cessò e questo accadde non per caso ma perché la scarpa destra di don Camillo era collegata con uno spago ad una caviglia di Peppone.

"Compagno," commentò con amarezza don Camillo mentre ricuperava la sua scarpa "non capisco la tua diffidenza nei miei riguardi."

"Dopo quello che m'avete combinato sotto i miei occhi" borbottò Peppone levandosi a sedere "figuratevi cosa potete combinarmi quando dormo."

Uscirono dallo stanzone del soviet e andarono a lavarsi la faccia ad una pompa: soffiava un vento sottile e freddo che mozzava il respiro e teneva la gente rintanata nelle catapecchie dai tetti di paglia e di legno. Appena don Camillo e Peppone ebbero finita la loro approssimativa toletta, il colcos si animò d'improvviso. Arrivò difatti un autocarro e sbucarono fuori, da qualche parte, il compagno Oregov e un gruppo di colcosiani.

Quando l'autocarro si arrestò in mezzo allo spiazzo davanti al baraccone del soviet, tutti gli furono attorno e anche don Camillo e Peppone andarono a ingrossare il crocchio.

Primo a saltar giù dall'autocarro fu un ragazzotto e gli altri lo aiutarono a scaricare dal camion una motocicletta; poi scese l'autista che andò a prendere ordini dal compagno Oregov e, tiratosi giù il bavero di pelliccia, mostrò la nota faccia di Stephan Bordonny.

Erano arrivati i soccorsi che il ragazzotto in moto era andato a richiedere al colcos di Grevinec.

Vennero a galla l'autista del torpedone e la compagna Nadia Petrovna. "Non preoccupatevi," spiegò a don Camillo e a Peppone la compagna Nadia, dopo aver ascoltato la discussione fra Stephan e il compagno Oregov, "all'*artel* di Grevinec c'era il pezzo di ricambio e tutto andrà a posto."

"Bisognerà rimorchiare il torpedone fino a qui" osservò Peppone.

Stephan scosse il capo e disse in russo qualcosa che la compagna Nadia tradusse:

"Non è possibile. La strada è gelata e l'autocarro è leggero e non ha presa sufficiente. Occorre eseguire la riparazione sul posto".

"Il mio mestiere è quello di meccanico" si offerse generosamente Peppone. "Se mi date una tuta, sarò ben contento di collaborare."

Il compagno Oregov trovò la proposta di suo completo gradimento. Rispose, che apprezzava nel suo giusto valore l'offerta di Peppone. La compagna Nadia tradusse e concluse: "Avrai subito la tuta, compagno senatore".

"Due" precisò Peppone indicando don Camillo.

"Ci occorre un aiutante robusto e competente e il compagno Tarocci, che è anche un esperto di meccanica, è l'uomo che fa per noi."

Il compagno Oregov approvò il piano dei lavori e partì in motocicletta verso Drewinka dove esisteva un telefono e da dove avrebbe potuto avvertire l'autorità competente della necessaria variazione che aveva dovuto subire il programma.

"Compagna," disse Peppone alla Petrovna "ora, il comando dei nostri uomini passa a te. Se qualcuno dovesse venir meno ai suoi doveri, agisci senza pietà. Ti segnalo il compagno Scamoggia: sorveglialo perché è pericoloso."

"Ho ripensato tutta la notte all'affronto che egli mi ha fatto" confessò la compagna Petrovna. "È una cosa inconcepibile ed egli dovrà rendermene ragione."

C'era negli occhi della compagna Petrovna, una fredda determinazione. Inoltre, e ciò era grave, il colcosiano napoletano aveva approfittato del suo sdegno per farle un'ondulazione che pareva pitturata.

Oramai erano arrivate le tute: don Camillo e Peppone salirono in cabina e l'autocarro partì.

Lo sguardo minaccioso della compagna Nadia aveva profondamente preoccupato Peppone:

"Quella donna" comunicò con cautela a don Camillo "è in uno stato d'animo pericoloso. Io credo che, se avesse l'occorrente, non esiterebbe a pitturarsi le labbra e a smaltarsi le unghie".

"Sono d'accordo, compagno" rispose don Camillo. "In politica le donne sono sempre estremiste."

Durante il viaggio, Stephan non aprì bocca e si comportò come se non capisse ciò che dicevano

Peppone e don Camillo. Il compagno autista del torpedone era salito dietro accucciandosi sotto il telone che copriva il pianale dell'autocarro: ma Stephan, prudentemente, non voleva correre rischi.

*   *   *

Stephan s'era portato tutti gli attrezzi necessari e, una volta raggiunto il torpedone abbandonato nella solitaria stradetta, si diede subito da fare. Il retrotreno del carrozzone venne sollevato rapidamente, ma si vide subito che, per sistemare le cose in modo che i puntelli non corressero il rischio di scivolare sul terreno ghiacciato, occorreva un pezzo di trave.

Il compagno autista, invitato a infilarsi sotto il torpedone per incominciare il lavoro di smontaggio del differenziale, si rifiutò. Aveva ragione da vendere e Peppone si stupì che Stephan si intestardisse e impiantasse col giovanotto una gran discussione.

Provò ad obiettare qualcosa, ma l'altro non gli diede retta e continuò a sbraitare; il compagno autista non mollò e, a un bel momento, gli voltò le spalle e prese la strada del colcos.

"Vai all'inferno" borbottò Stephan non appena il giovanotto fu scomparso.

"Non ha torto" osservò con garbo Peppone. "È pericoloso infilarsi lì sotto."

"Era l'unico modo per toglierselo dai piedi" spiegò Stephan.

Le sponde dell'autocarro servirono egregiamente a rendere sicuro il puntellamento e il lavoro incominciò.

Mentre, aiutato da Peppone e don Camillo, si arrabattava ad allentare dadi e a togliere bulloni, Stephan parlava sottovoce.

"Qui" raccontò "proprio in questi paraggi, avvenne la famosa battaglia di Natale del 1941. I russi parevano formiche tanti erano, e gli italiani dovettero ritirarsi lasciando un sacco di morti. Un gruppo d'una trentina fra bersaglieri e artiglieri fu accerchiato e cadde prigioniero. Molti erano feriti o ammalati: li portarono in un magazzino del colcos vicino a quello di Tifiz e li chiusero lì. Il ventisei dicembre gli italiani riconquistarono la località e li trovarono tutti morti. I russi li avevano fatti fuori a raffiche di mitra. Li ho visti. Era uno spettacolo orrendo."

Don Camillo e Peppone continuavano a lavorare e il vento crudo gelava loro le dita.

"Raccogliemmo tutti i morti e li seppellimmo" continuò Stephan. "Se camminate per mille e cinquecento metri verso nord, trovate una carrareccia che parte da questa strada e va verso destra. Cento metri prima d'arrivare alla carrareccia, sempre sulla destra, incomincia un canale di scolo dei campi, che ha sulla riva sinistra una gran siepe selvatica. Camminando lungo la siepe, fatto un centinaio di passi, si trova una gran quercia, col tronco coperto d'edera. Il cimitero dei soldati italiani è lì; in quel riquadro che ha per lati cento metri di questa strada, cento metri di carrareccia, cento metri di fosso e la linea, parallela alla strada, che parte dalla quercia e raggiunge la carrareccia."

Lavorarono tutt'e tre febbrilmente per una mezz'ora, senza più parlare. "Adesso" disse a un certo momento Stephan "posso fare da solo. In caso di pericolo, darò un colpo di clacson. Se solle-vate l'edera, troverete qualcosa."

Don Camillo partì verso nord senza un attimo di indecisione e Peppone dovette seguirlo.

Il cielo era cupo e il vento continuava a percorrere la sconfinata pianura deserta.

"Se il vento molla" osservò ad un tratto don Camillo "sarà neve."

"Venisse giù una valanga che vi seppellisse!" rispose Peppone ansimando.

*   *   *

Adesso correvano e, ad un tratto, trovarono sulla destra il fosso di scolo e la grande siepe. Sul fondo del canale l'acqua era ghiacciata e il ghiac-cio era spesso. Don Camillo si lasciò scivolare den-tro il fosso e continuò la sua corsa verso la grande quercia che levava al cielo l'intrico dei suoi rami nudi. Arrivati ai piedi della quercia, risalirono la sponda del fosso e s'apersero un varco nella siepe. Ed ecco, davanti a loro, un gran campo e, sulla bruna terra, la peluria verde del grano.

Rimasero tutt'e due sgomenti a guardare quel-lo squallore disperato, poi don Camillo si riscosse e voltandosi verso il grande tronco della quercia, rimosse con la mano tremante l'edera che vi si era abbarbicata.

C'era qualcosa inciso sulla corteccia diciotto an-ni prima: una croce e una data, "27 XII 1941". E una parola breve: "Italia".

Ricompose i rami d'edera.

Peppone, che lentamente s'era tolto il berretto, rimase a contemplare quel campo di grano ripensando alle rustiche croci che non c'erano più e alle ossa sgretolate coperte dalla terra fredda, e il gelo del vento gli entrava nel cuore.

"*Requiem aeternam dona eis Domine et lux perpetua luceat eis...*"

Si riscosse e si volse: ai piedi della secolare quercia, don Camillo celebrava la Messa dei Morti.

Una messa sotto la croce che, diciotto anni prima, la mano di Stephan aveva inciso nella corteccia della vecchia quercia.

"*Deus, cuius miseratione animae fidelium requiescunt: famulis et famulabus tuis, e omnibus hic et ubique in Christo quiescentibus, da propitiam veniam peccatorum; ut a cunctis reatibus absoluti, tecum sine fine laetentur. Per eumdem Dominum...*"

Il vento correva per il grande piano deserto e le tenere pianticelle di grano palpitavano.

"*Figlio mio, dove sei?...*"

Peppone ricordò un misero giornalino che aveva visto in giro e la disperata invocazione della sua testata.

"*Figlio mio, dove sei?...*"

* * *

Stephan lavorava con furore, ma aveva l'orecchio intento a ogni rumore e non fu colto di sorpresa. Qualcuno stava arrivando dal colcos: era ancora lontano mezzo miglio e subito un colpo di clacson avvertì don Camillo e Peppone del pericolo.

Non era il compagno autista come Stephan aveva temuto, ma uno dei compagni italiani. Quello con le grandi orecchie a sventola. Camminava lentamente e, appena se lo trovò vicino, Stephan lo neutralizzò:

"Dammi una mano, compagno, mentre tornano gli altri".

Il compagno Tavan si tolse il pastrano e si diede subito da fare senza discutere: intanto Peppone e don Camillo stavano rientrando di corsa alla base.

Dopo un quarto d'ora erano lì e Peppone si fece avanti sicuro:

"Da' a me" intimò brusco al compagno Tavan.

Il compagno Tavan si ripulì le mani con uno straccio e si rimise il gabbano. Gironzolò un poco attorno a don Camillo che stava fumandosi il suo mezzo toscano, poi si fece coraggio e lo affrontò.

"Compagno," gli disse a mezza voce "se non hai niente da fare, vorrei parlarti."

"Adesso devono lavorare i tecnici" rispose don Camillo. "Parliamo, compagno."

Si incamminarono lentamente verso nord.

"Compagno," incominciò il compagno Tavan con molto imbarazzo "tu dici delle cose giuste e io ti do ragione. Però sbagli quando critichi in blocco la classe contadina. In città, gli operai lavorano assieme, sono a contatto col progresso e con la vita politica. In campagna, i contadini lavorano isolati e non possono avere il senso della comunità. Fargli capire certe cose è duro e non sempre possono capire. Ma c'è chi ha capito e lotta."

Il compagno Tavan, con quella sua faccia ossuta e scura e quelle sue orecchie a sventola, faceva un po' pena e don Camillo si sentì disarmato.

"So che sei un compagno di grande efficienza" rispose. "Forse ho parlato imprudentemente, senza pensare che potevo offendere il tuo orgoglio di classe."

"Hai parlato bene" stabilì il compagno Tavan. "La classe contadina è come dici tu, ma cambierà. Ora è impossibile perché ci sono ancora i vecchi. E i vecchi, in campagna, contano molto. Essi hanno il cervello pieno di idee sbagliate, ma come si fa a contraddire gente che ha passato tutta la vita ammazzandosi di lavoro? Il Partito ha ragione, ma i vecchi comandano. Il Partito parla al cervello, i vecchi parlano al cuore e, molte volte, anche se si hanno idee chiare, il cuore fa tacere il cervello."

"Compagno, sono nato da contadini e ti capisco" rispose don Camillo. "Questo è il vero problema della campagna. E per questo bisogna intensificare la propaganda."

Camminarono per un po' in silenzio.

"Compagno" disse ad un tratto il compagno Tavan. "Io, mia moglie e i miei figli viviamo, con mio padre che ha settantacinque anni e mia madre che ne ha settantatré, in un podere sperduto in mezzo alla piana, che la nostra famiglia conduce a mezzadria da centocinquant'anni. Mia madre e mio padre vanno in paese una volta all'anno e, in città, ci sono stati una volta sola. Cosa posso spiegargli? E dopo quel che è successo?"

Don Camillo lo guardò interrogativamente.

"Compagno," lo incoraggiò "se hai qualcosa da dire, dillo. Qui chi ti ascolta è un uomo, non il Partito."

Il compagno Tavan scosse il capo.

"Avevo un fratello di cinque anni minore" spiegò. "La guerra se l'è portato via. Mio padre s'è ras-

segnato, ma mia madre no. Quando ha saputo che
sarei venuto qui, non mi ha dato pace. E ho dovuto giurarle dieci volte di fare come diceva."

"Dov'è morto?" domandò don Camillo.

"È andato dove l'hanno mandato, povero
ragazzo. È morto qui. Nella battaglia di Natale
del '41."

Il compagno Tavan aveva un gatto vivo nello
stomaco e se ne liberò.

"Mia madre mi ha costretto a giurarle che avrei
fatto tutto il mio possibile per trovare la sua tomba e per mettere questo davanti alla sua croce."

Don Camillo vide balenarsi davanti agli occhi un
lumino di cera. "Ti capisco, compagno" disse. "Ma
tu, come puoi trovare, nei ventidue milioni di chilometri quadrati dell'Unione Sovietica, il pezzetto
di terra dove è sepolto tuo fratello?"

Il compagno Tavan trasse di tasca uno sciupato
portafogli e vi frugò dentro con ansia.

"Ecco" ansimò porgendo a don Camillo una sco-
lorita fotografia. "L'ha data il cappellano militare a
mia madre. C'è la croce col nome di mio fratello.
Dietro c'è il nome del paese e una pianta della località precisa."

Don Camillo volse la fotografia, poi la restituì
al compagno Tavan.

"Capisci, compagno?" ansimò l'altro. "È proprio qui, in questa zona, e io debbo fare il possibile per trovarlo! Ma come posso domandare a
questa gente dov'è il cimitero dei soldati italiani?"

Così parlando, avevano percorso un bel pezzo
di strada e già si vedeva la siepe e la grande
quercia.

Quella grande quercia che era chiaramente segnata nell'appunto vergato dal cappellano militare, dietro il cartoncino della foto.

"Spicciati!" ordinò don Camillo accelerando il passo.

Arrivati al fosso si arrestò un istante:

"Questa è la strada, là è la carrareccia, questa è la siepe lungo il fosso e là è la quercia".

Ripercorse, seguito dal compagno Tavan, il fosso ghiacciato e risalì la sponda ai piedi della grande quercia.

"Ecco," spiegò indicando il campo di tenero grano "qui è sepolto tuo fratello."

Risollevò la cortina d'edera e mostrò la croce e la data e la parola incisa sulla corteccia.

Il compagno Tavan guardava il campo di grano e la mano che stringeva il lumino tremava.

Don Camillo avanzò qualche passo nel campo di grano e, chinatosi, fece un buco nella terra. L'altro comprese e raggiuntolo, mise il lumino nel buco e lo accese. Rialzatosi, rimase a contemplarlo, col berretto in mano.

Don Camillo cavò di tasca il suo coltellino e tagliò fuori dalla terra bruna una zolla con tre tenere piantine di frumento.

Aveva in tasca il bicchierino di alluminio che gli serviva da Calice: "Ne troverò un altro" pensò mentre lo riempiva con la zolla di terra. "Portalo a casa a tua madre" disse al compagno Tavan mentre gli metteva in mano il bicchiere.

Tornarono al margine del campo sotto la quercia.

"Segnati pure, compagno" disse don Camillo al compagno Tavan. "Mi segno anch'io."

Si segnarono: e nella sua nicchia, difesa dal

vento, la fiammella del lumino palpitava.

Un colpo di clacson li riportò sulla strada del ritorno.

Poco prima di raggiungere il torpedone, don Camillo si fermò:

"Compagno" disse con voce grave: "tua madre sarà contenta ma il Partito non potrebbe mai approvare ciò che abbiamo fatto".

"Non me ne frega niente" rispose con voce sicura il compagno Tavan.

E maneggiava il bicchierino contenente la zolla e le piantine di frumento, con infinita delicatezza, come se avesse, tra le grosse dita, qualcosa di tenero e di vivo.

LA CELLULA SI CONFESSA

Poca gente, sul treno per Mosca, e don Camillo
si trovò, ben presto, solo nello scompartimento,
perché Peppone, vedendolo cavar fuori il famoso
libretto rosso delle *Massime* di Lenin, se n'era andato a far quattro chiacchiere con la compagna Nadia Petrovna e col compagno Yenka Oregov che
avevano impiantato il loro ufficio nel primo reparto della vettura.

Don Camillo ripose il breviario mimetizzato e
trasse di tasca l'agenda per completare i suoi appunti di viaggio: "Giovedì, ore 8, Colcos Tifiz -
Stephan - Cimitero - Messa Defunti - Compagno
Tavan - Ore 15 : partenza in ferrovia..."

Giovedì? Appena giovedì?

Gli pareva impossibile, ma controllò sfogliando
l'agenda, e dovette convincersi che egli si trovava
in Russia da sole settantanove ore.

La sera stava cadendo; non un albero, non una
casa rompevano la monotonia dell'immenso piano-

ro ondulato percorso dal vento. Soltanto campi di
grano che si rincorrevano all'infinito, e non era difficile immaginarli trasformati in un palpitante
oceano di spighe dorate, ma neppure il più sma-
gliante sole della fantasia riusciva a scaldare il
cuore gelato da quella tristezza.

Don Camillo pensò alla Bassa: alla nebbia, ai
campi impregnati di pioggia, alle stradette fangose. Era un altro genere di tristezza. Nessun vento,
nessun gelo - laggiù alla Bassa - riuscivano a spegnere quel calore umano che emanava da tutte le
cose toccate dall'uomo.

Anche sperduto in mezzo alla campagna e sepolto dalla nebbia più densa, un uomo - laggiù alla
Bassa - non si sente mai distaccato dal mondo. Un
invisibile filo lo lega sempre agli altri uomini e
alla vita e gli trasmette calore e speranza.

Qui, nessun filo lega l'uomo agli altri uomini.
Qui, un uomo è come un mattone: assieme agli altri mattoni forma un muro, è parte necessaria di
un solido complesso. Cavato dal muro e buttato in
mezzo a un campo, non è più niente, diventa una
qualsiasi cosa inutile.

Qui l'uomo isolato è disperatamente solo.

Don Camillo rabbrividì: "Dove poi sarà andato
a ficcarsi quel disgraziato!" disse tra sé pensando
a Peppone.

La portiera dello scompartimento cigolò ed entrò il compagno Tavan.

"Disturbo?" s'informò.

"Siediti, compagno" gli rispose don Camillo.

Gli si sedette di fronte: aveva in mano un rotoletto di cartoncino e, dopo qualche istante di esitazione, glielo mostrò.

"Si tratta ancora di soli due o tre giorni" spiegò "e non dovrebbero soffrire."

Chi non avrebbe dovuto soffrire erano le tre pianticelle di frumento sistemate, assieme al loro vasetto, nel tubo di carta.

"Possono respirare" aggiunse il compagno Tavan; "sopra, il tubo è aperto. Credi che occorra fare qualche buco anche nel cartone?"

"Non mi pare necessario" rispose don Camillo. "L'importante è che tu non le tenga troppo al caldo."

Il compagno Tavan depose con cautela il rotoletto sul sedile imbottito, appoggiandolo alla spalliera in modo che rimanesse ritto.

"E dopo?" domandò.

"Dopo, quando?"

"Quando sarò tornato a casa."

Don Camillo si strinse nelle spalle.

"Compagno, non vedo che difficoltà ci sia a trapiantare tre fili di grano."

"La difficoltà riguarda mia madre" borbottò. "Cosa le dico? Le devo dire: 'Questo è il frumento che...'"

S'interruppe e guardò fuori dal finestrino.

"Con ventidue milioni di chilometri quadrati di terra," disse a denti stretti "proprio di quel pezzettino là avevano bisogno per seminare frumento?"

Don Camillo scosse il capo.

"Compagno," rispose "chi ha avuto venti milioni di morti in guerra non può fare gran conto dei cinquanta o centomila morti che gli ha lasciato in casa il nemico."

"Non è un discorso che posso fare a mia madre."

"Non glielo devi fare. Lascia che tua madre pensi alla croce di legno che ha visto nella fotografia. Dille che hai acceso il lumino davanti a quella croce. E, di quelle tre pianticelle, fa' ciò che il tuo cuore ti suggerisce. Se le tieni vive e ne tramandi, col seme che ti daranno, la vita, sarà come se tenessi vivo tuo fratello."

Il compagno Tavan ascoltava cupo.

"Compagno," gli domandò don Camillo cambiando registro "perché mi fai fare questi discorsi impregnati di sentimentalismo borghese?"

"Perché mi piace ascoltarli" rispose il compagno Tavan riprendendo il suo rotolino e alzandosi.

Prima di uscire guardò ancora fuori del finestrino.

"Ventidue milioni di chilometri quadrati di terra" borbottò. "E proprio di quel fazzoletto di terra avevano bisogno..."

*   *   *

Don Camillo non rimase solo per molto tempo: trascorsi cinque minuti, la portiera si riaprì e apparve il compagno Bacciga.

Si sedette di fronte a don Camillo e, siccome era un tipo duro e spiccio, entrò subito in argomento.

"Compagno," disse "ci ho ripensato e riconosco che avevi ragione tu. Non era questo il posto per fare un traffico di quel genere. Mi dispiace anche delle stupidaggini che ti ho detto lungo la scala."

"Dovrei risponderti che ho sbagliato anche io portando la questione in cellula mentre avrei potuto parlarti di persona, da uomo a uomo. Il fatto è che, al Magazzino, il compagno Oregov ti aveva visto trafficare e io ho dovuto intervenire perché non prendesse lui l'iniziativa."

Il compagno Bacciga mugugnò qualcosa d'incomprensibile, poi osservò:

"Intanto lui s'è beccata la mia stola anche se proveniva da un traffico illecito".

"In compenso, la cosa è morta lì" lo consolò don Camillo.

Il compagno Bacciga era genovese e, per lui, la fede era una cosa e gli affari erano tutt'altra cosa.

"Ma chi ci ha rimesso le penne? Il compagno Bacciga."

"Chi rompe paga, compagno" lo ammonì don Camillo.

"Giusto: ma chi la convince adesso, la persona che m'ha dato le calze perché le portassi la stola di pelliccia?"

Il compagno Bacciga brontolò un poco per conto proprio e poi si sbottonò:

"Compagno, parliamoci chiaro, da uomo a uomo. Durante la festa di ieri sera ho visto lo scherzo che ti ha fatto il capo e ho sentito che hai una moglie tremenda. Ebbene: se tua moglie è tremenda, mia moglie lo è dieci volte di più. Lei mi ha costretto a imbottirmi di calze perché è lei che vuole la stola. Se non le porto la stola, non mi salva neanche Togliatti. Compagno: se tua moglie vede le foto di ieri sera ti fa due occhi così. Ebbene, se io non le porto la stola, mia moglie me ne abbotta quattro, di occhi, anche se ne ho due soli. E non posso neanche farla chiamare al gruppo rionale perché è una sporca fascista. E ha dalla sua parte le due figlie che sono ancora più squinternate".

"Fasciste anche loro?" s'informò don Camillo.

"Peggio!" ruggì il compagno Bacciga. "Udi! Ma di quelle 'udine' d'assalto da far venire i capelli ricci a un calvo."

"Ti capisco" disse don Camillo. "Come posso aiutarti?"

"Compagno, io bazzico la gente del porto perché lavoro nel porto e uno che traffica lì si trova sempre qualche dollaro in saccoccia. Me ne sono portati un po' perché, se l'America fa schifo, i dollari funzionano dappertutto. Mi spiego?"

"Fino a un certo punto."

"Compagno, io per poter tornare a casa tranquillo sono disposto a sacrificare i miei dollari. Posso farlo o commetto un'altra sconvenienza?"

"No. Se paghi in dollari no, perché l'Unione Sovietica ha bisogno di dollari per i suoi acquisti all'estero."

"Lo immaginavo" esclamò il compagno Bacciga. "E, già che siamo in argomento: hai una idea del cambio?"

Don Camillo era perfettamente informato.

"Al cambio ufficiale, per un dollaro ti danno quattro rubli. Al cambio turistico, per un dollaro te ne danno dieci. La stampa reazionaria insiste nell'affermare che esiste anche un mercato nero del dollaro e che, per un dollaro, ti darebbero addirittura venti rubli: ma, come ben capisci, si tratta della solita lurida propaganda antisovietica."

"Naturalmente" approvò il compagno Bacciga. "Allora, una volta a Mosca, posso agire tranquillamente?"

"Sei nel tuo pieno diritto, compagno."

Il compagno Bacciga uscì soddisfatto, ma don

Camillo non riuscì, come avrebbe voluto, a cavar fuori il taccuino per prendere nota degli ultimi avvenimenti, perché apparve il compagno Capece Salvatore.

Gli impacchi freddi avevano fatto effetto e il cerchio attorno al suo occhio sinistro era semplicemente di un azzurro molto sfumato.

"Compagno," disse mettendosi a sedere di fronte a don Camillo "la vodka è una cosa che tu la mandi giù come se fosse grappa e, invece, è vodka. Dopo, succede quello che succede, ma quando è successo è successo. Mi spiego?"

Don Camillo fece segno di sì.

"Compagno," continuò l'altro "il capo m'ha detto che, poi, faremo i conti. Mi sono preso una botta nell'occhio e ho, qui, dietro la testa, un bozzo grosso quanto una noce: perché mi volete anche inguaiare? Mia moglie è nel Partito e pratica la cellula: se in cellula si parla di questa sciocchezza, lei lo viene a sapere di sicuro. È giovane, gelosa... Tu mi puoi capire, compagno, perché, a quanto dice il capo, neanche la signora tua scherza."

"Vattene tranquillo, compagno" lo rassicurò don Camillo. "Sistemerò tutto io col capo."

L'altro balzò in piedi e gli si illuminò il viso.

"Capece Salvatore!" esclamò agguantandogli la mano e squassandogliela. "Se capiti a Napoli, chiedi di Capece Salvatore. Mi conoscono tutti."

Oramai le cose s'erano così rapidamente complicate che don Camillo aveva bisogno di buttar giù qualche appunto per ricordarsi ogni particolare: ma era destino che non riuscisse a tirar fuori di tasca il benedetto taccuino.

E, difatti, appena uscito il compagno Capece Salvatore, entrò il compagno Peratto.

Era un piemontese positivo e venne subito al "dunque":

"Compagno," esclamò come ebbe preso posto davanti a don Camillo "ieri sera s'è scherzato un po'. Succede sempre così, quando si beve roba forte. Ma, adesso, i fumi della vodka sono spariti. Il capo dica quel che vuole: io faccio il fotografo di professione e conosco i miei doveri: eccoti il rollino con tutte le foto che ti ho scattato ieri sera mentre ballavi. Fanne quello che vuoi".

Don Camillo prese il rotolino che l'altro gli porgeva.

"Ti sono grato, compagno" rispose. "È un gesto molto simpatico."

Il compagno Peratto si alzò.

"È una questione di etica professionale" borbottò. "E di solidarietà: ho anch'io una moglie che, più diventa vecchia, più diventa gelosa e irragionevole. Dirò al capo che il rollino ha preso luce."

Se ne andò e, quando fu uscito, don Camillo volse gli occhi al cielo: "Signore," disse "dopo quello che è successo, io quasi mi vergogno di non avere veramente una moglie vecchia e gelosa".

Poi cavò fuori in fretta e furia il suo taccuino e scrisse: "La moglie è l'oppio dei popoli". Non poté aggiungere niente altro perché, in quel preciso istante, venne a galla il compagno Scamoggia.

Si stravaccò nel divano di fronte a quello di don Camillo, accese una sigaretta e la mandò in distaccamento ad un'estremità della piega amara delle labbra.

Era terribilmente serio e si capiva che profondi e angustiosi pensieri occupavano la sua mente.

Don Camillo lo stette a guardare un bel pezzo, poi, dato che l'altro non usciva dal suo riserbo, cavò dal taschino l'agenda e si accinse a completare le sue annotazioni.

"Compagno!"

Don Camillo ripose l'agenda.

"Qualche guaio?" l'incoraggiò.

"Compagno, tu lo sai quello che è successo ieri sera."

"Non ti preoccupare" lo rassicurò don Camillo. "Capece è stato qui un minuto fa. Tutto sistemato."

"Capece? E cosa c'entra?" domandò stupito il compagno Scamoggia.

"C'entra perché il pugno nell'occhio l'ha preso lui" esclamò don Camillo.

"Ah!" borbottò lo Scamoggia. Non se ne ricordava più e aggiunse: "Non è di questo che io volevo parlare".

"Allora non so niente di niente" spiegò don Camillo che, in verità, era completamente all'oscuro del resto.

Lo Scamoggia tirò qualche boccata di fumo.

"Ieri sera" confessò "ho avuto un momento di debolezza e m'è scappato uno schiaffone."

"A chi?"

"A lei."

Don Camillo non se l'aspettava, una cosa così, e, sul momento, non seppe cosa rispondere.

"Hai preso a schiaffi la compagna Petrovna!" balbettò alla fine. "E perché mai?"

Lo Scamoggia spalancò le braccia desolato.

"La compagna Petrovna è una donna intelligente e si renderà conto che tu avevi bevuto troppa vodka..."

"Non avevo bevuto" precisò lo Scamoggia. "E lei lo sa perfettamente. Questo è il guaio."

Lo Scamoggia buttò per terra la sigaretta e la calpestò. Era profondamente depresso e fece pena a don Camillo.

"Non drammatizziamo, compagno! Dev'essere una buona ragazza..."

"La è!" affermò lo Scamoggia eccitandosi. "È bella, buona e brava e io non la posso trattare come se fosse una sgualdrinella qualsiasi. Io non posso illuderla."

La Russia è tremendamente lontana da Roma e don Camillo, povero e semplice prete della Bassa, non poteva capire il particolare modo di ragionare di un bullo di Trastevere.

"Illuderla?" balbettò. "E perché?"

"Amico!" gridò lo Scamoggia. "Scherziamo? Quando Nanni Scamoggia dà uno schiaffone a una ragazza mica glielo dà così, per l'aria che tira. Ti pare che Nanni Scamoggia sia uno di quei mascalzoni che si divertono a maltrattare le donne?"

Don Camillo tentennò gravemente il capo.

"Adesso capisco: tu, insomma, hai paura che la ragazza si sia fatta l'idea che lei ti interessi."

"Già."

"Mentre, in realtà, la ragazza non ti interessa per niente. Ma tu non hai il coraggio di disilluderla."

"Appunto."

"E allora è semplice: le lasci la sua illusione in corpo e quando, fra pochi giorni, ti vedrà partire, lei si rassegnerà."

"Lei! Ma io non mi rassegnerò."

Don Camillo si rese conto perfettamente della gravità della situazione.

"Amico," esclamò "se le cose stanno così, io non posso darti nessun consiglio."

"Tu, invece, me lo puoi dare" replicò lo Scamoggia. "Tu hai le idee chiare e mi puoi indirizzare per la strada giusta. Noi abbiamo parlato a lungo, stanotte, dopo il ballo... Non potevo lasciarla così, senza una spiegazione!"

"Giusto."

"Lei, fra qualche mese, verrà a Roma dove deve accompagnare, come interprete, una squadra di funzionarie in gita di istruzione. E allora..."

Lo Scamoggia esitò.

"Amico," disse guardando don Camillo negli occhi "posso fidarmi di te?"

"Come se tu parlassi al confessore."

"Io non andrei mai a raccontare a un prete gli affari miei!" ghignò lo Scamoggia.

"Fai bene, compagno. Però ci sono stati dei preti che, piuttosto di rivelare ciò che qualcuno aveva loro confidato in confessionale, si sono fatti ammazzare. Se fossi prete io sarei uno di quelli. Parla!"

"Lei verrà a Roma," continuò a bassa voce lo Scamoggia "e sarebbe disposta a non tornar più a casa, pur di rimanere con me. Si potrebbe fare una cosa del genere?"

Don Camillo scosse il capo.

"No" rispose perentorio. "Sarebbe un vile tradimento e il compagno Scamoggia non può comportarsi da traditore. Tanto più che c'è una soluzione molto più naturale e pulita."

"E quale?"

"La ragazza è in gamba e avrà senza dubbio degli appoggi importanti nel Partito. Domattina saremo a Mosca e non farà nessuna fatica a farti autorizzare a rimanere qui e a trovarti un lavoro. Molti hanno fatto così: l'Unione Sovietica ha bisogno di tecnici efficienti e di compagni di sicura fede. Una volta che tu sia sistemato qui, tutto il resto diventerà facile. E tu sarai a posto col tuo cuore e con la tua coscienza. E non trascinerai una povera, brava ragazza innamorata in una pazza avventura."

Il volto dello Scamoggia s'illuminò.

"Il mio cervello non ragionava più e tu mi hai riportato sulla strada giusta che era la più semplice!" esclamò. "Non mi pento davvero d'essermi fidato di te. Ti ringrazio, compagno!"

Se ne andò dopo avergli stretta vigorosamente la mano.

"Signore," sussurrò don Camillo volgendo gli occhi in su "il compito del compagno buon Pastore è quello di ritrovare la compagna pecorella smarrita per riportarla all'ovile del Partito."

"Sbagli" rispose la voce del Cristo. "Questo è il compito del compagno Demonio."

Ma, forse, non era la voce del Cristo; forse era il vento che percorreva la pianura deserta e sconsolata.

Don Camillo non indagò e lasciò la questione in sospeso. Anche perché, in quell'istante, arrivò Peppone.

"Invece di starvene qui a guardare fuori dal finestrino, perché non siete venuto a parlare un po' con noi?" domandò Peppone.

"Compagno," rispose don Camillo "un capocellula ha sempre tante cose da fare se vuol essere all'altezza del compito affidatogli dal Partito."

Peppone lo considerò con sospetto, poi scrollò le spalle. Diamine, anche se si trattasse del Demonio in persona, quali guai potrebbe combinare un prete isolato, chiuso in uno scompartimento di un treno che naviga nel cuore della Russia Sovietica?

NELL'ANTICAMERA
DELL'INFERNO

Ed ecco, finalmente, la grande giornata del compagno Peppone.

Avevano visitato una colossale fabbrica di trattori e un attrezzatissimo colcos, poi, per venti ore filate, avevano navigato a bordo del treno, in mezzo a un oceano sconfinato di fertili campi ben coltivati facendosi un'idea dell'immensa ricchezza agricola e dell'efficienza organizzativa dell'Unione Sovietica: ma non era quella la Russia che poteva sbalordire l'Occidente.

Fino a quel momento, l'Occidente, vergognosamente favorito dal caso, aveva avuto buon gioco ma, adesso, la cuccagna era finita. Adesso, all'Occidente non rimaneva che sbarrare gli occhi per la meraviglia e tener chiusa la sua stramaledettissima bocca.

Il moderno, confortevole e maestoso pullman che li scarrozzava per le ampie e lindissime strade di Mosca non assomigliava neppur lontanamente al carcassone sul quale avevano viaggiato lungo le fangose stradette ucraine. E, attraverso i tersi cristalli, non si scorgevano isbe dal tetto di paglia, ma grattacieli di centocinquanta, e anche duecento metri d'altezza.

L'Occidente guardava senza parlare e, ogni tanto, inghiottiva a vuoto.

"Non dovete lasciarvi suggestionare!" sussurrò Peppone all'orecchio dell'Occidente: "è tutta propaganda! Comunque, se vi va di prendere una boccata d'aria, potete fare un giretto attorno al Kremlino. Sono appena cinque chilometri di perimetro."

Peppone, eccitatissimo, ripeteva puntualmente a don Camillo le spiegazioni della compagna Nadia, e vibrava, nella sua voce, tanto orgoglio da indurre a credere che Mosca l'avesse costruita lui.

Il compagno Yenka Oregov, a ogni muggito di ammirazione emesso da Peppone e compagni, sussultava di gioia. Il compagno Oregov non era un gelido e indifferente burocrate e, per mille miserabili rubli che percepiva mensilmente dallo Stato, dava alla causa fede ed entusiasmo per almeno diecimila rubli. Si sentiva umile ma necessario come uno dei centomila mattoni che compongono il grande edificio dai muri massicci.

"Ci vogliono cento copechi per fare un rublo e mille volte mille rubli per fare un milione di rubli: il copeco è soltanto la centomilionesima parte del milione; ma, se manca il mio copeco, mai si potrà arrivare al milione di rubli." Così ragionava il compagno Oregov e, il suo, non era un ragionamento peregrino perché, pure avendo investito l'umile capitale d'un copeco, egli si sentiva milionario.

Il compagno Copeco fremeva, perciò, di giustificato orgoglio ogni qualvolta Peppone e compagni emettevano un muggito di ammirazione e, quando comprese che gli ospiti oramai erano satolli di cose belle, comunicò loro, attraverso la compagna Nadia, che la prima parte della visita alla città doveva considerarsi esaurita.

"Il compagno Oregov" spiegò la Petrovna "dice che, per sgranchirvi le gambe, sarà consigliabile tornare a piedi all'albergo. Sono poche centinaia di metri."

Scesero dal pullman in una piazza contornata da maestosi edifici e si avviarono.

Come ricordandosi all'ultimo minuto d'un particolare di secondaria importanza che gli era sfuggito, il compagno Copeco, ad un tratto esclamò: "Ah!" poi, eseguito un rapido dietro-front, andò a infilarsi nella porta d'una specie di grande e basso chiosco che sorgeva nel bel mezzo della piazza.

Gli altri lo seguirono; una scala mobile li accolse e li portò giù, nelle viscere della terra.

"Questa è la metropolitana" spiegò la compagna Nadia quando tutti furono sbarcati dalla scala mobile.

La metropolitana di Mosca è l'orgoglio dell'Unione Sovietica e, per aver un'idea di cosa essa sia, bisogna pensare a un incubo assiro-babilonese. Marmi, cristalli, lampadari, porcellane, mosaici, stucchi, affreschi, altorilievi, bassorilievi, statue, quadri, ceselli, bronzi, argenti, ori: ci si stupisce che gli zerbini non siano di visone.

Peppone e soci erano rimasti come folgorati, e il compagno Copeco se li rimirava felice.

Il primo a riscuotersi fu il compagno Scamoggia:

"Compagna" confidò con voce sommessa alla Petrovna: "dopo di te, questa è la cosa più bella che ho visto nell'Unione Sovietica."

La compagna Petrovna, colta alla sprovvista, ebbe qualche perplessità ma, subito, si riprese:

"Compagno," ammonì "non si deve scherzare davanti a questa colossale opera del lavoro e dell'arte sovietica".

"Compagna," rispose lo Scamoggia "io non scherzo."

Dal modo col quale lo disse, si capiva che lo Scamoggia parlava sul serio e la compagna Nadia dimenticò per un istante i suoi precisi doveri di funzionario del Partito e sorrise come una qualsiasi borghesuccia.

Intanto Peppone s'era appiccicato alle costole di don Camillo: "Compagno," esclamò sghignazzando "te lo immagini cosa direbbe, se fosse qui, quel tale reverendo di nostra conoscenza?"

La metropolitana, adesso, rigurgitava di gente: i soliti uomini e le solite donne infagottati in abiti scadenti e malfatti. Le solite facce tristi.

"Se fosse qui" rispose don Camillo "direbbe che è meglio mangiare una bistecca in un piatto di terracotta che una cipolla in un piatto d'oro."

"Questo è basso materialismo" stabilì Peppone perentoriamente. Ma pensava alla bistecca.

*   *   *

Erano i giorni della distensione, l'Unione Sovietica non badava a spese e aveva scelto, per gli ospiti, l'albergo più importante della capitale. Una faccenda sul tipo della metropolitana, con più di mille stanze e grandi sale e saloni e salotti e ascensori a non finire.

Dopo il desinare don Camillo andò a stravaccarsi in una poltrona della hall per godersi lo spettacolo della gente che andava e veniva. Uno spettacolo straordinario perché pareva che tutte le razze del mondo si fossero dato appuntamento lì, e si vedevano musi gialli, neri, marrone, grigi, verdolini, biancastri con tutte le sfumature intermedie e si sentivano parlare cento lingue.

Naturalmente, Peppone non lasciò don Camillo solo per lungo tempo e venne a sederglisi vicino.

"È una vera Babele" osservò a un certo punto don Camillo.

"Sembra" rispose Peppone. "Pure avendo favelle diverse, quegli uomini s'intendono perfettamente perché ragionano tutti nello stesso modo. E questa è la forza del comunismo. Avete visto, stamattina, il mausoleo di Lenin con tutta la gente che aspetta il suo turno. Una fila che non finisce più e che è sempre così, ogni giorno, dalla mattina alla sera, perché chiunque venga a Mosca sente il bisogno di rendere omaggio all'uomo che ha portato la luce nel mondo delle tenebre, e tutti gli uomini, dal congolese al cinese, dall'italiano al groenlandese hanno avuta la rivelazione."

Don Camillo guardò Peppone sinceramente ammirato:

"Compagno," gli disse "quando eri sindaco, queste cose non le sapevi".

"Le sapevo come le so adesso: il fatto è che non sapevo di saperle. Poi è subentrata l'introspezione e, allora, le ho trovate e puntualizzate. Insomma, succede per Lenin quello che succedeva quando era di moda Cristo. Con la differenza che, mentre nel caso di Cristo si trattava di superstizione, qui si tratta di ragionamento. La verità era nella natura, ma nascosta dal buio. Lenin ha acceso la fiaccola che l'ha messa in luce e tutti hanno potuto vederla. Per questo, chi viene a Mosca sente il bisogno di pagare il suo tributo di riconoscenza a Lenin."

"Ma, nel mausoleo, assieme a Lenin," s'informò don Camillo "non c'è anche un altro tizio?"

"C'è e non c'è" rispose Peppone. "Comunque, la gente fa la coda davanti al mausoleo per rendere omaggio a Lenin. Del resto lo vedrete."

Don Camillo scosse il capo.

"Non lo vedrò" disse.

"Andremo tutti al mausoleo, fra poco" replicò Peppone. "Così abbiamo deciso col compagno Oregov."

"Io non ho nessun debito di riconoscenza da pagare" spiegò don Camillo. "Io non seguo la moda e; per me, è ancora valida la rivelazione di Cristo."

Peppone sogghignò:

"Un capocellula ha dei doveri precisi cui non si può sottrarre".

"Ma un parroco ne ha ancora di più precisi" replicò don Camillo.

Ricordandosi, appunto, di questi doveri, trasse di tasca una cartolina e, tirato a sé un tavolino, s'accinse a scriverla.

"Spero che non mi combinerete delle fesserie!" borbottò preoccupato Peppone.

"Forseché un compagno non può avere, nella sua città, un amico che abita in piazza del Vescovado?"

"Ma in piazza del Vescovado c'è soltanto il Vescovado!" esclamò Peppone.

Don Camillo gli porse la cartolina:

"Come vedi" spiegò "ho approfittato del fatto che in piazza del Vescovado c'è soltanto il Vescovado per indirizzare la cartolina a un non meglio qualificato 'signore' che ha lo stesso nome e cognome del Vescovo".

Peppone sbirciò l'indirizzo e restituì la cartolina a don Camillo.

"Non voglio saper niente dei vostri traffici personali!"

"Compagno," lo consigliò don Camillo "io se fossi in te la firmerei."

"Voi siete matto!" rispose Peppone.

"E se, domani, dovesse tornar di moda Cristo?" insinuò subdolo don Camillo.

Peppone, agguantata la penna, scarabocchiò il suo nome sotto quello di don Camillo e restituì la cartolina.

"Lo faccio, perché per quanto sia un prete, il vostro Vescovo è un uomo simpatico" spiegò. "Non per altro."

Don Camillo si alzò e andò a imbucare la cartolina nella cassetta che era appesa a una colonna della hall. Quando tornò alla base, trovò tutta la squadra al completo.

"Secondo il vostro desiderio" spiegò la compagna Nadia "visiteremo il mausoleo di Lenin."

Don Camillo s'incamminò assieme agli altri, ma non arrivò neppure fuori dell'albergo perché inciampò e si acciaccò un piede.

Tentò ugualmente di seguire la squadra ma, se

Peppone non lo avesse sorretto, sarebbe caduto lungo disteso.

"Rimanete e chiedete del medico dell'albergo" gli disse la compagna Nadia. "Si tratterà senz'altro di una lieve distorsione."

Don Camillo dimostrò d'essere in preda a sì angosciosa umiliazione che il compagno Oregov fu costretto a fargli, attraverso l'interprete, un lungo e affettuoso discorso per consolarlo.

"Avrai modo di visitare il mausoleo quando tornerai" gli fece dire alla fine.

Allora don Camillo si rassegnò e, zoppicando, tornò a sedersi nella sua poltrona.

Poi si massaggiò leggermente la caviglia e, siccome aveva semplicemente finto d'inciampare, si sentì subito meglio e tratto di tasca il famoso libretto delle *Massime* di Lenin, s'immerse nella lettura.

* * *

Trascorse, così, una buona mezz'ora, e, assorto com'era nei suoi pensieri, don Camillo dimenticò per un istante d'essere il compagno Tarocci.

Proprio in quel preciso, esatto momento, una voce discreta lo chiamò:

"Reverendo..."

Si volse di scatto.

Era cascato nella trappola come un merlo e non tentò neppure di rabberciare il guaio.

Nella poltrona a fianco della sua, dove poco prima era seduto Peppone, aveva preso posto un uomo magro e bruno sui quarant'anni. Non era una faccia nuova, purtroppo, e il nome gli venne spontaneo alle labbra:

"Comassi!"

L'uomo aveva spalancata davanti a sé la *Pravda*: si protese verso don Camillo e finse di tradurgli e commentargli un articolo della prima pagina. Se la cavava con grande naturalezza e don Camillo l'assecondò nella commediola.

"Appena entrato" disse l'uomo "vi ho riconosciuto anche se siete in borghese."

"Mi interessava vedere Mosca" spiegò don Camillo "ma mica potevo venirci vestito da prete."

"Ah," borbottò l'uomo "siete ancora prete!"

"Certo! Cosa dovrei essere?"

"In questi ultimi tempi s'è vista tanta gente voltar gabbana..."

"La mia gabbana è di stoffa che non si può rivoltare. E tu, come ti trovi qui?"

"Sono di passaggio con una commissione di compagni cecoslovacchi. Io lavoro a Praga. Riparto domani."

"Dopo avermi denunciato come spia del Vaticano?"

L'uomo scosse il capo:

"Don Camillo, lo sapete che non sono un vigliacco".

I Comassi del Castelletto erano brava gente e di chiesa: soltanto il giovane Athos aveva sgarrato.

La storia del giovane Comassi assomigliava a mille altre: l'8 settembre del '43, buttata via la divisa militare, era tornato a casa. Aveva ventidue anni e, quando venne l'ordine di ripresentarsi alle armi, il ragazzo si diede alla macchia.

Non si seppe più niente di lui; ritornò a galla nell'aprile del '45, quando dai monti scendevano le squadre dei partigiani, e tanti che erano rimasti al piano, ma avevano avuto l'accortezza di lasciarsi crescere la barba, vi si intrufolavano.

Il giovane Comassi tornò al paese con un gran fazzoletto rosso al collo e, siccome era diventato un capo, prese il comando delle operazioni che consistevano soprattutto nell'andare a stanare gli agrari e nel convincerli a sputare due o tre biglietti da mille ogni ettaro dei poderi di loro proprietà.

Volarono delle sberle e, per un bel po', non accaddero porcherie grosse.

In un vecchio palazzo sperduto in mezzo alla piana del Castelletto, abitavano i conti Mossoni: facevano da anni vita ritirata e, in tutto, erano in quattro: il conte di settantacinque anni, la contessa di settanta, una cameriera di cinquanta e un cagnetto d'età imprecisata.

Una mattina, il mezzadro che portava il solito bidoncino di latte al palazzo dei Mossoni tirò invano la catena del campanello. Siccome la porta era socchiusa, entrò. Non trovò anima viva.

Nella grande cucina c'era soltanto il cagnetto che ululava accucciato in un angolo e non si muoveva di lì neanche a trascinarlo con la forza. Arrivò altra gente e si scoprì che il cagnetto difendeva la botola di un antico pozzo a fior di terra.

Il conte, la contessa e la cameriera erano dentro il pozzo. Qualcuno, durante la notte, aveva vuotato la cassaforte nascosta dietro il grande quadro del salone e aveva liquidato signori e servitù.

Almeno dieci persone avevano visto il giovane Comassi partire dal paese, a sera fatta, assieme a tre dei suoi bulli su una Millecento nera guidata da un forestiero.

Qualcuno li aveva visti arrivare al palazzo dei

conti Mossoni: i tre bulli erano rimasti di guardia fuori dal palazzo e non s'erano mai mossi e solo il Comassi e l'autista erano entrati.

Non avevano perso molto tempo. Dopo venti minuti, tutta la squadra, risalita in macchina, lasciava il palazzo.

Poi, la mattina seguente, s'era scoperto quel che s'è detto.

Tiravano brutte arie, alla Bassa, e chi aveva visto dimenticò d'aver visto e la triste faccenda si insabbiò. Ma, d'improvviso, nel gennaio del 1948, quando incominciò il bombardamento propagandistico per le elezioni dell'aprile, in paese apparvero alle cantonate grandi manifesti che spiegavano, per filo e per segno, la storia dei conti Mossoni, con tanto di nomi, per dimostrare che razza di gente fossero i rossi che volevano salire al potere.

I tre bulli non sapevano niente di niente e provarono con testimonianze che non erano neppure entrati nel palazzo. Nessuno di essi conosceva l'autista, un tizio venuto di via. In quanto al capo della banda, per quanto lo si cercasse, non fu trovato.

Scomparso, come cancellato dalla faccia della terra.

Ed ora, dopo undici anni, eccolo lì, seduto a fianco di don Camillo.

*   *   *

Don Camillo guardò il Comassi. "Cosa fai a Praga?" domandò.

"Pare che io abbia una bella voce e mi fanno leggere le notizie alla radio, nell'emissione per l'Italia."

"Bel mestiere!" borbottò don Camillo. "Lo sanno i tuoi?"

"Non lo sa nessuno e vorrei che mia madre e mio padre sentissero la mia voce" disse l'uomo.

"Bella consolazione per quei poveretti. Lascia almeno che ti credano morto."

L'uomo scosse il capo:

"Devono sapere che io sono vivo" esclamò. "Per questo, appena vi ho visto, mi sono avvicinato. È Dio che vi manda".

"Dio. Adesso ti ricordi di Dio. Quando hai ammazzato quei poveretti non ti ricordavi di Dio."

L'uomo si volse di scatto come volesse dire qualcosa. Poi ci ripensò: "Capisco" disse. "Non posso pretendere che mi crediate. Però voi siete un prete e non potete rifiutarvi di ascoltare un cristiano che vi chiede di confessarlo".

La grande hall dell'albergo rigurgitava di gente d'ogni razza e d'ogni lingua. Musi gialli, musi neri, musi color cioccolata andavano e venivano parlando ad alta voce. Pareva l'anticamera dell'inferno, ma Dio era anche lì. Soprattutto lì.

Tanto è vero che la voce del Cristo risuonò all'orecchio di don Camillo:

"*Pulsate et aperietur vobis...*"

Don Camillo si segnò e si segnò anche il Comassi: si segnarono con studiata lentezza perché cento occhi infidi erano in agguato, oltre la cortina di carta della *Pravda*.

"*O Dio d'infinita Maestà, ecco ai vostri piedi il traditore che è tornato ad offendervi... ma ora umiliato, vi cerca perdono... Signore, non mi scacciate. Non disprezzate un cuore che si umilia... Cor contritum et humiliatum non despicies...*"

Mano a mano che don Camillo gli rammentava la preghiera, il Comassi ripeteva con un filo di voce le parole sussurrate da don Camillo.

Poi disse ciò che doveva dire e pareva che cavasse le parole dal giornale, invece le cavava dal suo cuore.

"...entrammo e li minacciammo con la pistola. Non volevano dire il nascondiglio, poi lo dissero. L'altro mi disse di andare nel salone, al primo piano, a prendere il danaro e l'oro mentre lui avrebbe tenuto a bada le due donne e il vecchio. Quando tornai giù, l'altro era solo. Si prese tutto lui. Il danaro serviva alla Causa... Poi il giorno in cui la faccenda venne a galla, mi fecero scappare..."

"Perché non ti discolpasti?"

"Non potevo; l'altro era un pezzo grosso del Partito."

"Perché non ti discolpi ora?"

"Non posso: è diventato ancora più importante. Per il Partito sarebbe uno scandalo enorme."

"E tu, dopo quello che è successo, ancora hai riguardo per il tuo dannato Partito?"

"No: ho paura. Se aprissi bocca mi liquiderebbero."

"Il nome!"

Il Comassi esitò poi disse il nome, e si trattava di un nome tanto grosso che tolse il fiato a don Camillo.

"Nessuno deve saper niente di quanto v'ho detto, ma voglio che mia madre e mio padre sappiano che non sono un assassino. Voi li potete convincere. Mi ascoltino: non per le cose che dico, ma per sentire la mia voce. Mi parrà d'essere vivo perché, adesso, mi pare d'essere un morto che parla al deserto."

Si frugò nella tasca interna della giacca e ne trasse una busta suggellata che cautamente infilò nella tasca di don Camillo:

"Qui c'è tutta la storia, firmata da me. Non dovete aprire la busta: fate in modo che l'altro sappia che l'avete voi e che io voglio tornare a casa!"

Il Comassi era impallidito e la disperazione vibrava nella sua voce.

"*Ego te absolvo...*"

Il Comassi aveva riacquistato la sua calma.

Ripiegò il giornale e lo porse a don Camillo.

"Tenetelo per ricordo. Mai prete ebbe confessionale più strano... Dimenticate quello che vi ho detto a proposito della lettera: è stato un momento di debolezza. Non c'è niente da fare. Nessuno torna indietro."

"Non è detto, compagno" rispose don Camillo. "Dio, se non sbaglio, ha una succursale anche a Praga. Dio è bene organizzato. Tuo padre e tua madre ti ascolteranno. Ti ascolterò anch'io. Non per le stupidaggini che dirai, ma per sentire la tua voce."

Il Comassi si alzò:

"Dio" sussurrò. "Chi mai avrebbe potuto pensare che qualcuno m'avrebbe parlato di Dio in questo inferno?"

"Dio ha succursali dappertutto, compagno" ripeté don Camillo. "Anche a Mosca. Dio è bene organizzato, vecchia azienda ma sempre efficiente."

IL DOLCE·CAFFÈ
DELLA COMPAGNA NADIA

"Compagno, sono nei guai" disse lo Scamoggia.

"Ognuno ha i propri guai e bisogna che se li tenga" gli rispose don Camillo.

"Non si tratta di guai miei" spiegò lo Scamoggia. "È una grana che hanno rifilato a me e io la devo passare a te che sei il mio diretto superiore. Poi tu la passerai al capo e il capo a chi crederà meglio, secondo la via gerarchica."

Don Camillo che, annoiatosi della babilonia della hall, s'era ritirato nella sua stanza buttandosi sopra il letto, si tirò su:

"Se si tratta d'una questione ufficiale" disse "siediti e parla".

Lo Scamoggia si strinse nelle spalle:

"Io ti racconto come stanno le cose. Tu, poi, stabilirai se si tratta di una faccenda ufficiale o no. Tu conosci il compagno Gibetti?"

"Certo che lo conosco" esclamò don Camillo.

In verità, don Camillo, del compagno Gibetti

sapeva soltanto quello che aveva letto sul ruolino di marcia di Peppone: toscano, anni quaranta, elettrotecnico, capo di formazioni partigiane con molte azioni importanti al suo attivo, attivista preparatissimo, efficientissimo, sicurissimo.

Molto e niente, in definitiva, perché il compagno Gibetti era uno dei tre "eletti" che mai avevano scoperto le carte. Come il siciliano Li Friddi e il sardo Curullu, il compagno Gibetti sempre s'era tenuto abbottonatissimo, controllando diligentemente ogni suo gesto e ogni sua parola.

"Gibetti mi piace" continuò lo Scamoggia. "È un duro, come me e te, un uomo d'azione che chiacchiera poco. In montagna ha fatto cose grandi rischiando mille volte la pelle."

"Lo so" affermò don Camillo.

"Sai pure che, durante la guerra, ha combattuto qui, nei paraggi di Stalino?"

"Visto come s'è comportato dal settembre del '43 in poi," esclamò don Camillo "questo non significa niente."

"D'accordo, compagno" replicò lo Scamoggia: "non significa niente. Però, nel caso di Gibetti, significa qualcosa."

"Per esempio?" domandò don Camillo.

"Per esempio che lui, a quei tempi, aveva ventitré anni e, quindi, nonostante la propaganda, si sentiva portato a fraternizzare col nemico. E, quando il nemico è un magnifico pezzo di ragazza di diciassette anni, tu mi capisci che è affare d'un momento esagerare nella fraternizzazione... Insomma: esagerarono tutt'e due, e poi venne la ritirata e buonanotte al secchio."

Don Camillo spalancò le braccia.

"Compagno, non è una bella storia, ma la guerra è piena di tristi storie come questa. In tutte le parti del mondo, ci sono ragazze che, per una ragione o per l'altra, hanno fraternizzato un po' troppo con soldati stranieri di passaggio."

"Sì," ammise lo Scamoggia "però è difficile trovare uno di quegli ex soldati di passaggio che, dopo diciassette anni, pensi ancora disperatamente alla ragazza straniera con la quale ha fraternizzato durante la guerra. E il Gibetti è uno di questi fenomeni."

Il compagno Scamoggia contemplò in silenzio il fumo della sua sigaretta, poi riprese:

"M'ha raccontato tutto. Lui si voleva portare via la ragazza. L'aveva fatta travestire da soldato e, con l'aiuto dei compagni, era riuscito a percorrere già un bel po' di chilometri. Poi ha dovuto rimandarla indietro perché il suo reparto stava per essere insaccato dai russi e lui non voleva che la ragazza corresse il rischio di prendersi una pallottola. Le diede tutta la galletta e le scatolette di carne che poté racimolare fra i compagni e la lasciò in un'isba diroccata ordinandole di nascondersi lì e d'aspettare. Se fossero riusciti a liberarsi dalla sacca, sarebbe venuto a riprenderla. 'Se invece vedi che ci fanno fuori o ci catturano,' le disse 'aspetta che tutto sia calmo e torna a casa. Se ti scoprono, racconta che i soldati italiani t'avevano rapito'.

"La battaglia durò tre giorni e fu una cosa dura, ma alla fine i russi dovettero ritirarsi per non essere insaccati a loro volta. Il Gibetti ritrovò l'isba, ma la ragazza non la trovò più. Tornò in Italia col chiodo della ragazza piantato nel cervello. Dopo l'8 settembre, andò in montagna dove fece quel che sappiamo, sempre col pensiero della ragazza nella testa e con l'idea di tornare e di ritrovarla. Dopo la guerra si trattava d'una faccenda delicata, anche se la guerra alla Russia non l'aveva voluta lui. Riuscì semplicemente a far spedire da Mosca quattro o cinque lettere approfittando di qualche compagno che andava in Russia. Forse le lettere non sono state imbucate, forse non sono arrivate a destinazione: il fatto è che non ebbe mai risposta. Finalmente, dopo diciassette anni, ecco l'occasione di venire lui personalmente in Russia, e nel momento più favorevole.

"Nel primo programma c'era compresa una visita a Stalino: la ragazza abita in un villaggio vicino a Stalino e il Gibetti, partendo, aveva la sicurezza di farcela. Poi, cambiato il programma, s'è trovato inguaiato fino agli occhi e s'è confidato con me. M'ha raccontato tutta la storia. 'Tu hai confidenza con la compagna Nadia,' m'ha detto alla fine 'vedi se può raccomandarmi. Io voglio fermarmi qui: sono deciso a tutto, pur di ritrovare quella ragazza.'

"Ho risposto che lasciasse fare a me, e poi mi sarei mangiata la lingua. Ho raccontato alla compagna Nadia tutto, dall'a alla zeta. È una donna con la testa sulle spalle e ha stabilito che prima di ogni altra cosa, bisognava conoscere la situazione della ragazza. Le ho dato il nome e l'indirizzo della ragazza, e lei ha immediatamente scritto a un amico che è un pezzo grosso a Stalino".

Lo Scamoggia s'interruppe. Trasse di tasca un foglietto dattilografato e lo porse a don Camillo spiegando:

"Oggi è arrivata la risposta".

Don Camillo rigirò fra le mani il foglietto scuotendo il capo.

"Per me è come se non ci fosse niente" borbottò. "Non conosco il russo."

"C'è anche la traduzione italiana" aggiunse lo Scamoggia porgendogli un altro foglietto scritto a lapis.

Diceva poco: la ragazza era stata scoperta in un'isba presso le linee nemiche da un reparto sovietico motorizzato. Indossava un cappotto militare italiano: disse d'essere riuscita a sfuggire agli italiani che l'avevano trascinata con loro ritirandosi dal villaggio di K. Riportata a K. e consegnata al capovillaggio, la ragazza era stata accusata di aver seguito di sua volontà il nemico. Processata regolarmente per collaborazionismo, era stata fucilata.

"Io" affermò deciso lo Scamoggia "al Gibetti non lo dico di sicuro. Tu regolati come credi, compagno. Se ritieni opportuno fargli sapere che i russi gli hanno ammazzata la ragazza, diglielo. Se non glielo dici, tieni presente che lui è disposto a tutto, anche a scappare, pur di rimanere qui. Io me ne lavo le mani."

Il compagno Scamoggia se ne andò, lasciandolo solo.

Figuriamoci se, proprio nell'Unione Sovietica, non ci sono in giro dei piccoli emissari del demonio!

Don Camillo se ne trovò subito uno tra i piedi, che gli tirava l'orlo di quella sottana che egli, spiritualmente, sempre indossava: un maledetto ciànfero che s'affannava a suggerirgli: "Coraggio, reverendo, liquida anche il compagno Gibetti!"

Don Camillo si liberò con una zampata del piccolo satanasso e, siccome in quel momento Peppone entrava nella stanza, lo affrontò:

"Compagno," gli disse mettendogli in mano i due foglietti "*ubi maior, minor cessat*. Come me l'hanno data, ti passo la grana".

Poi, siccome i due foglietti non bastavano a chiarire la faccenda, don Camillo spiegò a Peppone la storia per filo e per segno e, alla fine, Peppone chiuse a doppia mandata la porta, si sfogò:

"Dieci!" ruggì. "Dieci che dovevano essere i migliorissimi dei migliori! Rondella viene in Russia per piantar grane e si fa rispedire a casa, Scamoggia viene qui col profumo in tasca per fare il Casanova, Capece per fargli concorrenza, Bacciga per trafficare al mercato nero, Tavan per mettere il lumino sulla tomba di suo fratello, Peratto per fare delle fotografie da dare all'*Unità* e per farne delle altre da vendere ai porci giornali capitalisti - lui crede di fregarmi ma me ne sono accorto! - adesso anche Gibetti, quello che pareva il compagno-modello, scopre le batterie! Ma è possibile che non uno dei dieci sia venuto qui solo perché gli interessava di vedere l'Unione Sovietica? Tutti, dunque, hanno dei maledetti interessi personali?"

Don Camillo cercò di consolarlo:

"Sei ingiusto, compagno: Curullu e Li Friddi sembrano compagni pieni di fede sincera e disinteressati".

"Bella roba! Due macachi che non aprono mai bocca e non ti dicono neanche 'buondì' per non compromettersi."

"Dimentichi il compagno Tarocci" insisté spietato don Camillo.

"Tarocci?" borbottò perplesso Peppone. "Quale Tarocci?"

Poi si ricordò e, piantandosi a gambe larghe davanti a don Camillo, gli sventolò sotto il naso un indice fremente d'indignazione:

"Voi" ansimò: "voi mi farete tornare a casa col mal di cuore".

Gli mancò il fiato e si sfasciò sul letto.

Aveva perso ogni aggressività, parlava con fatica.

"M'avete ricattato," disse "m'avete impegolato in una sporca faccenda che, se la si risapesse, mi renderebbe ridicolo davanti al mondo intero. È da quando vi ho incontrato sul tram a Roma che io sto vivendo le peggiori ore della mia vita. Da quel momento, tutte le volte che vi vedo aprir bocca, mi si ferma il cuore. Il mangiare mi si pianta sullo stomaco come cemento. Di notte, passo da un incubo all'altro e, la mattina, mi alzo con le ossa rotte."

Peppone si asciugò il sudore che gli grondava dalla fronte:

"Se volevate buttarmi a terra per divertirvi, divertitevi: sono a terra".

Don Camillo non aveva mai visto Peppone ridotto a quel punto. Non aveva mai neppure pensato che Peppone potesse ridursi così e provò una pena mai provata.

"Dio m'è testimone che non ho mai pensato a farti del male" esclamò.

Peppone si asciugò ancora il sudore:

"E allora: perché m'avete costretto a recitare questa sporca commedia? Adesso, non c'è più la cortina di ferro! Avete visto in giro, forestieri di tutte le razze. Non potevate travestirvi da uomo e venire qui per conto vostro, come turista? I quattrini? Ve li avrei dati io: in questo modo, pur non avendo sborsato quattrini, il ricatto mi è costato centomila volte di più. E non è finita... Oppure volevate avere la soddisfazione di venirci a spese dell'Unione Sovietica?"

Don Camillo scosse il capo:

"No: io non volevo vedere la Russia con gli occhi del turista. Mi interessava vederla coi tuoi occhi. Coi vostri occhi. Altro è vedere un'opera stando in un palco o in platea, altro è vederla stando fra le comparse del coro. Compagno, i casi sono due: o, diventando senatore, hai versato il cervello all'ammasso del Partito, oppure devi ammettere che io ho agito così per una ragione onesta, non per cattiveria".

Peppone s'alzò e, avvicinatosi al panchetto sul quale era appoggiata la sua valigia, allungò la mano per aprirla, ma subito la ritrasse tornando sconsolato alla base di partenza.

"M'avete privato perfino del conforto del cognac!" esclamò con amarezza. "Cosa credete d'averci guadagnato regalandolo al compagno Oregov?"

"Niente" riconobbe don Camillo. "Anzi, ci ho perso perché, adesso, mi tocca darti del mio."

Una bottiglia di vecchio cognac saltò fuori dalla valigia di don Camillo e, dopo averne mandato giù un buon bicchiere, Peppone superò la sua crisi.

"E allora?" s'informò don Camillo mostrandogli i due bigliettini. "Cos'hai deciso di fare?"

"Arrangiatevi" rispose Peppone. "Io non so niente e non voglio sapere niente."

Don Camillo uscì e trovò il compagno Gibetti solo nella sua stanza. Non fece preamboli:

"Il compagno Scamoggia doveva portarti una brutta notizia e non se l'è sentita. Te la porto io".

Il Gibetti, che era sdraiato sul letto, balzò in piedi.

"Dimentica quella ragazza" gli disse don Camillo. "È sposata con cinque figli."

"È impossibile!" esclamò il Gibetti.

"Compagno, tu conosci il russo, è vero?"

"No."

"E come facevi a... fraternizzare con la ragazza?"

"Ci si capiva senza parlare."

"E per mandarle le lettere, come hai fatto?"

"Sapevo come si scrive il nome suo e quello del suo paese e m'ero fatto insegnare come si scrive 'Ti penso sempre. Tornerò. Rispondimi.' Lei aveva il mio indirizzo."

Don Camillo trasse di tasca il foglietto scritto a macchina e glielo porse.

"Qui c'è il rapporto che hanno mandato di là" spiegò. "Te lo puoi far tradurre e ci troverai quello che t'ho detto io."

Il Gibetti scorse avidamente le poche righe:

"Il nome è il suo, ed è anche giusto quello del paese" esclamò.

"È giusto anche il resto che t'ho detto io. Comunque se non ci credi, una volta a casa ti sarà facile controllare."

Il Gibetti piegò accuratamente il foglietto e lo ripose nel portafogli: "Non farò controllare niente" esclamò. "Mi fido di te. È impossibile, ma quando una donna dovesse farmi girare la testa, guarderò questo foglietto e mi passerà tutto".

Sorrise con tristezza.

"Compagno," continuò dopo un istante d'esitazione "tu conosci il mio stato di servizio?"

"Sì."

"Ebbene, voglio dirti una cosa in confidenza. Io ho fatto tutto ciò che ho fatto - e molte cose avrei dovuto non farle - soprattutto per guadagnarmi il diritto di tornare qui e di ritrovare la ragazza. Adesso, secondo te, come dovrei regolarmi?"

"Continua a combattere per la causa."

"La mia causa si chiamava Sonia e non è più mia, ma d'un altro."

Don Camillo si strinse nelle spalle:

"Ripensaci con maggior calma, compagno" lo consigliò. "Ad ogni buon conto, io ora ho parlato come amico, non come compagno. Il compagno non sa niente di questo affare".

"Il guaio è che lo so io" borbottò il Gibetti ributtandosi sul letto.

*   *   *

Si ritrovarono a tavola per la cena, e c'erano tutti eccettuato il Gibetti che, mandò a dire, soffriva di stomaco.

Il compagno Oregov era particolarmente soddisfatto perché ogni cosa aveva funzionato nel migliore dei modi. Il compagno Bacciga, che sedeva a fianco di don Camillo, a un bel momento trovò modo di comunicargli in via riservatissima:

"Fatto, compagno".

"E come riuscirai a passare la dogana, una volta in Italia?" s'informò con pari discrezione don Camillo. "Difficile far passare una stola di visone per un indumento maschile."

"La cucirò al bavero del paltò. Un milione di paltò maschili hanno il bavero di pelo. I giornali reazionari, come al solito, raccontano delle balle."

"Non lo metto in dubbio" rispose don Camillo. "Non capisco, però, cosa c'entrano col tuo affare."

"Tu mi hai detto che, secondo la stampa reazionaria, a Mosca per un dollaro si potrebbero avere venti rubli. Ebbene sono balle. Per un dollaro, me ne hanno dati ventisei."

La vodka incominciava a circolare e la conversazione si faceva sempre più animata.

"Compagno Tarocci," disse a un bel momento lo Scamoggia a don Camillo "hai perso molto a non venire con noi. La visita al mausoleo di Lenin è stata una cosa indimenticabile."

"Ha ragione" approvò il compagno Curullu che sedeva negli immediati paraggi. "Trovarsi lì, dove riposa Stalin, fa un certo effetto."

Non parlar di Stalin in casa del destalinizzato: don Camillo intervenne con molta diplomazia:

"Per forza" esclamò. "Ricordo l'impressione che ho provata a Parigi vedendo la tomba di Napoleone. E Napoleone non era che un povero ometto, confronto a un colosso come Lenin."

Il compagno Curullu, spalleggiato dalla compagna vodka, non era disposto a rinunciare a niente:

"Stalin," affermò cupo "Stalin: quello è un colosso".

"Ben detto, compagno" esclamò più cupo ancora il compagno Li Friddi. "Un colosso. Stalin fece la grandezza dell'Unione Sovietica. Stalin vinse la guerra."

"Oggi, in mezzo ai lavoratori che aspettavano d'entrare al mausoleo," comunicò il compagno Curullu dopo aver mandato giù un bicchiere di vodka "c'erano anche delle turiste americane, vestite come se fosse carnevale. Pareva che aspettassero di andare alla prima di Marilyn Monroe. Pettegole cretine."

"Ben detto, compagno" lo approvò Li Friddi. "Schifo, mi fecero. Mosca non è Montecarlo. Non si va a Mosca come si va a Capri."

"Con Stalin, quelle cornacchie non sarebbero venute a gracchiare qui" stabilì il compagno Curullu. "Con Stalin, i capitalisti tremavano di paura."

Per quanto Peppone, lodevolmente aiutato dalla compagna Nadia, cercasse di distrarre il compagno Oregov, a un bel momento il compagno Oregov drizzò le orecchie e la compagna Petrovna dovette spiegargli su cosa stessero discutendo i compagni dell'altro versante. Allora il compagno Oregov strinse le mascelle, si fece attento e la compagna Nadia fu costretta a tradurgli ogni cosa, parola per parola.

Peppone lanciò con gli occhi un angoscioso SOS a don Camillo.

"Compagni" intervenne con calma don Camillo rivolto ai due isolani: "nessuno mette in dubbio i meriti dell'uomo. Se mai, si mette in dubbio l'opportunità di parlare di lui in questo momento."

"È sempre opportuno dire la verità!" esclamò testardo il compagno Curullu. "E la verità è che oggi, anche se l'Unione Sovietica ha conquistato la Luna, non c'è più nel nostro Partito quell'impeto rivoluzionario che esisteva prima e, così, abbiamo perso duecentocinquantamila iscritti. "

"La politica deve adeguarsi alla situazione particolare del momento" tentò di obiettare timidamente don Camillo. "Bisogna guardare al risultato finale. "

"Il risultato finale è che Stalin otteneva ciò che voleva senza scomódarsi a uscire dall'Unione Sovietica" affermò il compagno Curullu.

Don Camillo si ritirò: ormai era la vodka a parlare, non più i compagni e la vodka non ragiona. E poi, oltre a Curullu e Li Friddi, la nostalgia di Stalin aveva, poco alla volta, preso tutti gli altri, eccettuato Peppone che, con le mascelle serrate e coi nervi tesi, aspettava lo scoppio della bomba.

E la bomba, ad un tratto, scoppiò.

Dopo aver parlottato concitatamente con la compagna Nadia, il compagno Oregov pestò un gran pugno sulla tavola e balzò in piedi. Gli occhi gli lampeggiavano. Era pallido come un morto e faceva paura.

Tutti tacquero raggelati e, nel silenzio, il compagno Oregov disse con un italiano stentato, ma anche troppo comprensibile:

"Viva il grande Stalin! "

Levò il bicchiere colmo di vodka e tutti balzarono in piedi levando il bicchiere.

"Viva! " risposero tutti a una sola voce.

Il compagno Oregov ingollò la vodka in un sol fiato e gli altri lo imitarono.

Poi fracassò il bicchiere buttandolo per terra e

gli altri fecero lo stesso. Indi la compagna Nadia disse:

"Il compagno Oregov augura buonanotte ai compagni italiani".

Fu tutto e l'assemblea si sciolse, senza una parola.

Mentre stavano avviandosi, ultimi della banda, verso la scala, don Camillo e Peppone furono bloccati dalla Petrovna.

"Compagni," disse "posso avere l'onore di offrirvi un caffè?"

La guardarono perplessi.

"Tenterò di fare un caffè all'italiana" spiegò sorridendo la compagna Nadia. "La mia casa non è molto lontana da qui."

*   *   *

Dietro i palazzoni imperiali e i grattacieli all'americana, c'era la Mosca proletaria e la compagna Nadia abitava al terzo piano d'un casamento squallido, con le scale semibuie che puzzavano di cavoli e di fritto.

L'appartamento consisteva in una stanza con due divani alla turca, una tavola, quattro sedie, un armadio e un tavolinetto sul quale troneggiava un apparecchio radio.

Qualche tendina, qualche paralume coi fiocchetti, qualche quadretto, un tappeto si sforzavano di tener su il tono generale della faccenda, ma non ci riuscivano.

"Questa è la compagna che vive con me" spiegò Nadia presentando a Peppone e a don Camillo la ragazza che era venuta ad aprire la porta e che, per quanto più attempata, più massiccia e più rustica della Petrovna, pareva fabbricata con lo stesso stampo.

"È interprete di lingua francese" aggiunse "ma capisce perfettamente anche l'italiano e lo parla discretamente bene."

La caffettiera era già pronta su una spiritiera in mezzo alla tavola.

"Facciamo qui," spiegò la compagna Nadia "perché la cucina è in comune con l'altra famiglia e, per raggiungerla, bisogna attraversare il pianerottolo."

Il caffè risultò inaspettatamente buono e la compagna Nadia parve molto sensibile alle lodi di Peppone e don Camillo.

"Spero che vi sia piaciuta la nostra Grande Russia" disse la compagna Nadia quando l'argomento del caffè fu esaurito.

Peppone, eccitatissimo, incominciò a spiegarle tutte le meraviglie che aveva visto e, a un bel momento, l'amica di Nadia lo interruppe ridendo:

"Noi conosciamo questo" esclamò. "Perché non ci parlate dell'Italia?"

Peppone spalancò le braccia:

"Compagne," disse "l'Italia è un piccolo paese che sarebbe bello se non fosse infestato da preti e capitalisti".

"Ma non c'è proprio libertà?" s'informò la compagna Nadia.

"Apparentemente è un paese libero" spiegò Peppone. "Ma tutto è controllato dai preti. I preti hanno spie dappertutto. Quando noi torneremo, i preti sapranno per filo e per segno ciò che noi abbiamo fatto e detto qui."

"Possibile?" si stupì l'amica della compagna Nadia.

"Spiegaglielo tu, compagno" disse Peppone rivolto a don Camillo.

"È la pura verità," ammise onestamente don Camillo "lo giuro."

"È terribile" esclamò la compagna Nadia. "E come vive il lavoratore medio? Per esempio: un lavoratore sul tipo del compagno Scamoggia, quanto guadagna?"

"Scamoggia non è da considerare un lavoratore medio" precisò Peppone. "Il compagno Scamoggia è un meccanico specializzato, ha una piccola officina sua, con vasta clientela e guadagna bene."

"Press'a poco?" domandò con indifferenza la compagna Nadia.

Peppone eseguì mentalmente i suoi calcoli e rispose:

"Calcolando il rublo a trenta lire, circa settemila rubli al mese".

Le due ragazze parlottarono un po' in russo fra loro, poi la compagna Nadia disse a Peppone:

"Tutto dipende dal potere d'acquisto della lira. Quanto costerebbe, in rubli, un vestito da uomo? Quanto un paio di scarpe?"

"Dipende dalla qualità" spiegò don Camillo. "Un paio di scarpe da settanta a trecentocinquanta rubli. Un abito, da settecento a millequattrocento."

Peppone indossava un favoloso doppiopetto blu da senatore e l'amica della compagna Nadia toccò la morbida stoffa d'una manica.

"Questo, per esempio?" s'informò.

"Quarantamila" rispose Peppone.

"Milletrecentocinquanta rubli circa" tradusse don Camillo.

"Ma Scamoggia" insisté Peppone "è un caso particolare. Scamoggia non è un semplice operaio. Scamoggia..."

"Scamoggia, Scamoggia!" gridò ridendo l'amica della compagna Nadia. "Sempre Scamoggia! Sarebbe, per caso, quell'orribile individuo che si è comportato tanto male al colcos di Tifiz? Non capisco come un uomo così cattivo venga tenuto nel Partito."

"Non è cattivo!" protestò Peppone. "È un compagno intelligente, efficiente e di fede sicura. È il suo modo di fare che inganna."

"Cattiva educazione ricevuta in una cattiva famiglia, allora" insisté l'amica della compagna Nadia.

"No" stabilì categorico Peppone. "La sua famiglia è composta di bravissima gente. Voi non potete capire perché non avete vissuto a Roma. Gli uomini romani, fuori di casa, si danno arie da stramaledetti. Poi, in casa, non aprono la bocca perché hanno una paura tremenda della moglie."

"Anche Scamoggia ha paura della moglie?" domandò l'amica della compagna Nadia.

"No" ridacchiò Peppone. "Non ancora, perché non è ammogliato. Poi, una volta sposato farà come tutti gli altri."

Intervenne la compagna Nadia e chiese ragguagli sull'industria pesante e sulla produzione agrumaria italiane. Peppone era preparatissimo e sparò raffiche di cifre.

La compagna Nadia lo ascoltò con estrema attenzione e volle, ad ogni costo, preparare un altro caffè. Si offrì infine di ricondurli all'albergo ma essi rifiutarono e tornarono alla base da soli.

Lungo la strada Peppone affermò che difficilmente, in Italia, si sarebbero potute trovare donne di tanta maturità politica come la compagna Nadia e la sua amica:

"Cosa importa alle donne italiane dell'industria pesante e della produzione frutticola dell'URSS?" esclamò Peppone.

"Niente" rispose don Camillo. "Alle donne italiane interessa semplicemente di sapere chi è il giovanotto che le corteggia, e se è sposato o no e cosa fa, e cosa guadagna e che carattere ha, e da quale famiglia proviene e stupidaggini del genere."

Peppone si fermò come colto da un sospetto:

"Voi vorreste forse insinuare che..."

"Non ci penso neanche!" lo interruppe don Camillo. "Figurati se posso pensare che un senatore comunista venga a Mosca per fare il mediatore di matrimoni! Egli è qui per servire la causa, non compagne da marito."

"Sì," ruggì Peppone "potete ben dirlo. Né le compagne da marito né quelle maritate, anche se, a sentire mia moglie, io dovrei approfittare dell'occasione per portarle a casa una pelliccia come quella della compagna Nilde Jotti!"

Era una cosa che gli stava nello stomaco e, adesso che l'aveva sputata fuori, si sentì più leggero.

Erano le dieci di sera: un vento gelato spazzava le strade spopolate e Mosca pareva la capitale della tristezza sovietica.

IL NAUFRAGIO
DEL COMPAGNO OREGOV

Lasciarono Mosca all'alba e, uscendo dalla città sul torpedone diretto all'aeroporto, incontrarono soltanto le donne addette alla pulizia delle strade. Lavavano l'asfalto con grandi getti d'acqua e perfezionavano, con le scope, l'opera delle moderne macchine spazzatrici che erano pure manovrate da ragazze e madri di famiglia.

Don Camillo fece discretamente notare a Peppone come quelle donne rivelassero, in ogni loro gesto, l'intima soddisfazione d'aver conquistato diritti pari a quelli degli uomini.

"È uno spettacolo confortante" concluse don Camillo "che si può godere soltanto nella Unione Sovietica."

"Sarà ancora più confortante quello che si potrà godere da noi quando assegneremo questo lavoro ai preti!" replicò Peppone confidenzialmente.

Un vento gelato che puzzava di Siberia correva prepotente per le grandi strade deserte ma, nella sconfinata Piazza Rossa, trovava pane per i suoi denti da lupo.

In un primo momento, si aveva l'idea di fagotti di stracci messi lì, in fila, in attesa del camion della spazzatura: invece, si trattava di pellegrini in attesa dell'apertura del "santuario".

Arrivati dall'Uzbekistan, dalla Georgia, da Irtkutsk o da Dio sa dove, e scodellati alla stazione di Mosca nel cuor della notte, cittadini di tutte le repubbliche sovietiche erano venuti ad accamparsi davanti al mausoleo di Lenin e Stalin, e aspettavano pazienti, seduti sulle loro sacche da viaggio, stringendosi l'uno all'altro come pecore costrette a pernottare all'addiaccio.

"Compagno," confidò don Camillo a Peppone "come è tutto diverso dai tempi esecrabili in cui i poveri mugiki, arrivati da ogni parte della Russia sui loro rozzi e lenti carri, bivaccavano nei paraggi del palazzo imperiale aspettando giorni interi per vedere lo Zar e la nuova Zarina."

"Diversa cosa è lo schiavo che viene a far atto di sottomissione al tiranno" precisò Peppone a mezza bocca "diversa cosa è il cittadino libero che viene a ringraziare chi l'ha liberato."

"Senza contare" aggiunse don Camillo "che, magari, molti vengono qui per assicurarsi che Lenin e Stalin sono morti sul serio..."

Peppone si volse sorridendo e spiegò sottovoce a don Camillo:

"Quando penso che, verso la mezzanotte di domani, vi scaricherò alla stazione di Milano, devo darmi dei pizzicotti per convincermi che non si tratta di un sogno. Divertitevi pure: vi restano soltanto poche ore".

Oramai l'avventura era finita: alle nove, l'aereo li avrebbe sbarcati a S. Qui, visitato il cantiere navale, a mezzogiorno sarebbero saliti su un battello per raggiungere, in tre ore, la città di O. da dove, alle diciassette, doveva decollare l'aereo per Berlino.

L'idea della gita in battello era del compagno Oregov; i compagni italiani avevano viaggiato in aereo, in treno, in automobile, in tram, in filobus, sulla metropolitana: per rendersi conto dell'efficienza dei trasporti sovietici, mancava un viaggetto via mare. La proposta era stata approvata dalla competente autorità, cosa questa che aveva riempito di giustificato compiacimento il compagno Oregov.

*   *   *

Alle nove in punto, l'aereo atterrava al campo di S. Un campo adeguato alla scarsa importanza di S., piccola città la cui esistenza era giustificata soltanto dal cantiere navale.

Nel porto che, ampio e ben difeso, serviva da ricovero alle navi in attesa di riparazioni, stava alla fonda naviglio d'ogni genere, e il compagno Bacciga, genovese e marinaio, ritrovandosi nel suo elemento, acquistò una sciarpa di favella che mai aveva dimostrato di possedere.

Fra le navi d'ogni età, spiccava una petroliera nuova di zecca: il compagno Bacciga ne stabilì tonnellaggio e particolarità tecniche con tanta sicurezza da convincere il compagno Oregov che gli ospiti potevano benissimo arrangiarsi senza di lui. Perciò li affidò alla sorveglianza della compagna

Nadia e andò al cantiere per concordare i dettagli della visita.

Il compagno Bacciga era formidabile: aveva una risposta precisa per ogni domanda dei compagni e, di tanto in tanto, esclamava:

"Fabbricare navi è il nostro mestiere, ma anche loro, accidenti se ci sanno fare!"

Don Camillo lo guatava e, a un bel momento, quando il compagno Bacciga riattaccò il ritornello, intervenne:

"Ci sanno fare sì" affermò. "E non è che abbiano imparato adesso: guardate quel trealberi, là a destra. Non è un gioiello?"

I compagni seguendo don Camillo, si spostarono lungo il molo fino a quando non ebbero trovato il punto dal quale il veliero poteva essere visto tutt'intero, e qui si fermarono riconoscendo che don Camillo aveva mille volte ragione.

La nave pareva saltata fuori da una nitida e preziosa stampa ottocentesca.

Avevano appena finito di riverniciarla e, così luccicante, linda e rifinita in ogni minimo particolare, dava l'idea d'essere nuova di zecca.

"È ammirevole questo amore dei sovietici per tutto quanto testimonia il nobile passato della grande Russia" s'entusiasmò don Camillo. "Compagni, non basta forse quel veliero per dimostrare la gloriosa tradizione russa nel campo delle costruzioni navali?"

Don Camillo rimase qualche istante in silenzio a rimirare quel gioiello scintillante, quindi si volse verso il compagno Bacciga.

"Compagno marinaio, da secoli siamo maestri nel fabbricare navi: però bisogna onestamente riconoscere che, per vedere un capolavoro del genere, dovevamo venire nell'Unione Sovietica."

Sopraggiunse la compagna Nadia che aveva assunto informazioni da un operaio di passaggio:

"Si chiama *Tovarisch*" spiegò "ed è una nave scuola dei cadetti della marina sovietica. Quattromila tonnellate".

"Tremila tonnellate" precisò il compagno Bacciga volgendosi di scatto e guardando la Petrovna a muso duro: "si chiamava *Cristoforo Colombo* ed era una nave scuola dei cadetti della marina italiana."

La compagna Nadia arrossì.

"Scusami, compagno" balbettò. Poi, siccome il compagno Oregov stava arrivando in compagnia di un funzionario del cantiere, s'allontanò per andare a prendere ordini.

Peppone agguantò per un gomito don Camillo e lo trasse in disparte.

"Possibile" gli disse a denti stretti "che non riuscite mai a tenere chiusa quella vostra sacrilega bocca? Bella gaffe che avete fatto!"

"Non è mica stata una gaffe" rispose con calma don Camillo. "Lo sapevo perfettamente che, quello là, è il nostro *Cristoforo Colombo*. Quando ce l'hanno portato via assieme alla *Giulio Cesare*, m'è venuto un magone così."

Per fortuna il compagno Bacciga era lì vicino e Peppone si sfogò con lui:

"Non potevi startene zitto?" lo rimproverò sottovoce.

"Capo, e come facevo? L'avevo riconosciuto!"

"Un bravo compagno avrebbe evitato di riconoscerlo" affermò categorico Peppone.

"Oltre a essere un compagno, sono anche un marinaio" spiegò il Bacciga.

"E con questo?"

"È tutta acqua, compagno," borbottò il Bacciga "ma il mare è una cosa diversa dal Po, e io non posso guardare la *Colombo* come tu guarderesti una chiatta del ponte di Viadana."

"I marinai della corazzata *Potjemkin* ragionavano diversamente da te" osservò con sarcasmo Peppone.

"I marinai della corazzata *Potjemkin* non erano genovesi" replicò il compagno Bacciga.

*   *   *

Alle undici con la zucca piena di dati statistici, Peppone e compagni lasciavano il cantiere. Mancava un'ora alla partenza del battello e mentre la banda, guidata dalla compagna Nadia, compiva un giro turistico della città, il compagno Oregov, il compagno Peppone e il compagno don Camillo si ritiravano nello stanzone fumoso di una "cantina" operaia del porto: il primo per aggiornare il suo rapporto, gli altri due per prepararsi spiritualmente alla traversata che, con quel ventaccio arrivato improvvisamente da Dio sa dove e quel cielo, nel quale andavano addensandosi preoccupanti nuvole, non prometteva niente di buono.

La "cantina" era lurida ma la grappa eccellente e, al secondo giro, Peppone si confidò:

"Ho paura di soffrire il mal di mare. E voi?"

"Non ci penso neppure" rispose don Camillo. "Sono quasi duemila anni che i preti navigano in mezzo alle tempeste più tremende e se la sono sempre cavata benone."

"Voglio vedere se farete lo spiritoso quando sarete sulla barca" replicò Peppone cupo.

Don Camillo trasse di tasca il libretto delle *Massime* di Lenin:

"Qui dentro c'è tutto" spiegò. "Anche la ricetta contro la paura".

Il vento freddo riportò, di lì a poco, la banda all'ovile: non avevano la faccia della gente che s'è divertita molto, ma il più nero di tutti era il compagno Curullu.

Presero tutti posto alla tavola di Peppone e don Camillo e, ritrovato in fondo a un rispettabile bicchiere di vodka l'uso della favella, il compagno Curullu vuotò il sacco:

"Compagno," disse a don Camillo "sai di dove veniamo?"

Don Camillo ripose il suo breviario.

"Da una chiesa!" spiegò il compagno Curullu. "E sai cosa stavano facendo in quella chiesa?"

Don Camillo si strinse nelle spalle.

"Due disgraziati si stavano sposando!" gridò eccitato il compagno Curullu. "Si stavano sposando con tanto di prete e relative porcherie!"

Si volse verso il compagno Scamoggia:

"E tu" sghignazzò "che eri venuto qui per avere la consolazione di non incontrare mai un prete! Altro che prete! Bello grasso, era, e addobbato meglio dei nostri. E gli sposini? Tutti in ghingheri, con le manine giunte e il sorriso angelico come due macachi dell'azione cattolica! Roba da far venire il voltastomaco!"

"Nell'Unione Sovietica, una schifezza del genere!" ruggì indignato il compagno Li Friddi. "Come fossimo nell'ultimo paesucolo siciliano!"

Volevano una risposta da don Camillo ed egli rispose:

"Compagni," disse "la Costituzione sovietica permette al cittadino di professare la religione che meglio crede. E i preti, purché non guastino, con insegnamenti religiosi, la gioventù fino ai diciotto anni, sono liberi di fare il loro mestiere. Questa non è una novità: è il Vaticano che ha messo in giro la storia della lotta contro la religione e le altre invenzioni del genere".

Il compagno Oregov aveva drizzato le orecchie e, con l'aiuto della compagna Nadia, seguiva attentamente la discussione.

Don Camillo si volse verso di lui lanciandogli uno sguardo implorante. "Il compagno Tarocci" spiegò la compagna Nadia dopo aver parlottato con il compagno Oregov "ha ragione. L'articolo 124 della Costituzione è pienamente rispettato. Il Consiglio per gli affari della Chiesa Ortodossa e il Consiglio per gli affari dei Culti religiosi controllano la regolare applicazione delle leggi sulla libertà di coscienza e aiutano le organizzazioni religiose a risolvere i loro problemi."

"È chiaro" concluse, udito il chiarimento ufficiale, don Camillo: "i preti non fanno, come da noi, ciò che vogliono ma ciò che la Costituzione permette loro di fare. La situazione è ben diversa."

"La sostanza è uguale" borbottò il compagno Li Friddi. "I preti sono sempre preti."

Don Camillo si mise a ridere: "Compagno, in un paese sterminato come l'Unione Sovietica" lo tranquillizzò "ci sono soltanto ventiseimila chiese e circa trentacinquemila preti!"

"Troppi" gridò il compagno Curullu. "Troppe chiese e troppi preti!"

"Se tu pensi che, nel 1917, esistevano in Russia oltre quarantaseimila chiese con cinquantamila preti e che, nel 1935, le chiese s'erano ridotte a quattromila e i preti a cinquemila..."

Il compagno Curullu si volse incredulo verso il compagno Oregov:

"È vero?" domandò.

Dopo il solito parlottamento, la compagna Nadia rispose:

"In sostanza, i dati corrispondono alla realtà. Preti e chiese vivono esclusivamente con l'obolo dei fedeli. Durante la guerra, la chiesa ortodossa ha dimostrato il suo spirito patriottico affiancando lo sforzo del paese. Il Partito conduce, non con la violenza, ma con la persuasione, una forte campagna contro la superstizione".

Il compagno Curullu aveva provato una delusione che la vodka rendeva ancor più cocente.

"Compagna" disse disgustato alla Petrovna: "se in ventiquattro anni i preti si sono portati da cinquemila e trentacinquemila, di che forte campagna si può parlare?"

La compagna Nadia esitò, poi tradusse e il compagno Oregov l'ascoltava a testa bassa, come se il responsabile del tradimento fosse lui. Poi, dopo aver meditato qualche istante, levò il capo e guardò il compagno Curullu spalancando desolatamente le braccia.

E la compagna Nadia, stavolta, non fu costretta a tradurre.

La discussione finì lì; il compagno Oregov riprese a lavorare attorno al suo rapporto e gli altri cambiarono discorso.

Lo stanzone era pieno di fumo e don Camillo sentì il bisogno di un po' d'aria pulita. Uscì e Peppone lo seguì.

Il vento s'era calmato: camminarono in su e in giù fianco a fianco, in silenzio, quindi Peppone si arrestò:

"Trentacinquemila preti!" ruggì. "Dopo una rivoluzione che è costata un fiume di sangue e dopo quarantadue anni di tremendi sacrifici!"

"Non t'arrabbiare, compagno" lo tranquillizzò don Camillo. "Non ti formalizzare sul numero dei preti. Quelli non sono preti: sono funzionari sovietici che parlano del Papa come di un nemico della pace, e il loro vecchio capo, tagliato sullo stampo preciso dell'attuale, è quel patriarca Alessio che chiamò Stalin *bògom dànnyj*, inviato da Dio. Nel campo della religione, il comunismo ha perso la guerra: però non quella contro i preti. Ha perso la guerra contro Dio. Il comunismo può eliminare i preti o, peggio ancora, controllarli, ma non può eliminare o controllare Dio. Tre guerre importanti ha perso il regime sovietico: quella contro Dio, quella contro i contadini e quella contro la borghesia. Dopo quarantadue anni di lotte sanguinose, il regime sovietico ha conquistato la Luna e il primato atomico mondiale sbaragliando, con la dimostrazione scientifica d'ogni fenomeno naturale e soprannaturale, la superstizione; è diventato padrone assoluto della Russia, dei russi e di non so quanti Paesi satelliti; ha attuato la riforma agraria eliminando dieci milioni di contadini ribelli; ha sterminato la borghesia. E oggi i russi cercano Dio e sacrificano i loro rubli guadagnati faticosamente per aprire chiese e farle funzionare, e mentre l'agricoltura non è ancora riuscita a raggiungere la produzione di prima della riforma e per far lavorare i contadini bisogna lasciar loro un pezzo di terra personale e un libero mercato dei prodotti di questa terra, una nuova borghesia sta prendendo il posto della vecchia e diventa sempre più vasta e potente. Non t'arrabbiare, compagno proletario: con quel tuo sfavillante doppiopetto blu e col tuo doppio stipendio di senatore e di funzionario del Partito non sei forse un borghese col conto corrente in banca e con una sfolgorante Milleottocento in arrivo?"

"Ma che Milleottocento!" protestò Peppone. "Una comune Millecento di seconda mano, caso mai."

Don Camillo scosse il capo: "Compagno" disse severamente. "Quello che conta non è la cilindrata, è il principio."

A questo punto, Peppone tirò fuori dal taschino della giacca un astuccio di pelle e, apertolo, ne sfilò uno stupendo sigaro toscano. Don Camillo che, da due giorni, sognava a occhi aperti un sigaro toscano, sbarrò gli occhi e, cavato dal petto un sospiro che pareva un tornado, esclamò con amarezza:

"E, mentre la borghesia sciala, il popolo soffre!"

Peppone spezzò rabbiosamente il sigaro e ne porse, con malgarbo, una metà a don Camillo.

"Trentacinquemila preti non bastavano!" ruggì. "Anche voi ci volevate!"

S'udì la sirena del battello.

*   *   *

Il *Partisan* era un battello leggero ma moderno e robusto che teneva magnificamente il mare e la prima ora di navigazione si svolse nel migliore dei modi. Disgraziatamente il diavolo ci mise la coda e, d'improvviso, il cielo s'incupì e il vento diventò bufera.

Ondate sempre più forti incominciarono a sconvolgere il mare.

La faccenda si metteva male e il capitano, per evitare il pericolo che il battello venisse agganciato da un cavallone e sbattuto sulla costa, si portò al largo cercando migliori acque.

Non ne trovò e, aumentando l'intensità dell'uragano, perdette il controllo del battello.

Questione di minuti: ad un tratto, arrivò sottocoperta un marinaio con una bracciata di roba che buttò sul pavimento urlando qualcosa.

"Il capitano dice di mettere la cintura di salvataggio e di salire sul ponte" tradusse la compagna Nadia.

Sul ponte c'era l'inferno scatenato: dal cielo, raffiche di pioggia e, dal mare, le mazzate selvagge delle onde contro i fianchi del battello.

Come se non bastasse, l'ululato feroce del vento e l'aria nera come pece.

La ruota del timone girava a vuoto e un'ondata strappò via le due scialuppe di salvataggio.

Tutti volsero gli occhi in su verso il capitano aggrappato alla balaustra del ponte di comando: l'uomo sentì su di sé quegli occhi ansiosi ma finse di non accorgersene e continuò a scrutare l'acqua tempestosa. Era la fine.

Fra quanti minuti, fra quanti secondi, lo schianto che avrebbe stritolato la navicella?

Un cavallone s'incuneò sotto la poppa sollevandola e parve che il battello dovesse infilarsi nel mare.

L'acqua spazzò il ponte da prua a poppa e, quando l'acqua fu passata e il battello si raddrizzò, ognuno si guardò attorno contando i compagni.

C'erano ancora tutti: Peppone, i nove "eletti", la compagna Nadia, il compagno Oregov, il capitano e i sei uomini dell'equipaggio.

Aggrappati disperatamente a ogni possibile appiglio, stretti l'uno all'altro, avevano miracolosamente resistito a quel primo tremendo assalto. Avrebbero resistito al secondo?

Il battello, scivolando lungo il fianco d'un'onda altissima, s'inabissò nella voragine e sembrava destinato a rimanerci. Invece, ritornò ancora su, ma allora il portello d'un boccaporto si schiantò e la nave incominciò a imbarcare acqua.

Non c'era più niente da sperare e Peppone si protese verso don Camillo.

"Voi! Voi! Fate qualcosa, in nome di Dio!" gli urlò con rabbia e disperazione.

Don Camillo si riscosse:

"Signore," disse "vi ringrazio di avermi fatto la grazia di morire da umile e fedele soldato di Dio".

Dimenticò il mare e la tempesta né pensò che, per tutta quella gente, eccettuato Peppone, egli era soltanto il compagno Tarocci; si strappò il berretto dal capo e frugò nel taschino della giacca cercando la sua finta penna. C'era ancora e, trattone il piccolo Crocefisso, lo levò in alto.

Tutti, ora, stavano inginocchiati, a capo scoperto, davanti a don Camillo. Anche la compagna Nadia, anche il capitano e i sei uomini dell'equipaggio.

Tutti, eccettuato il compagno Oregov che, aggrappato alla scaletta del ponte di comando, era rimasto in piedi e, col berretto calcato giù fino alle orecchie, guardava, con occhi sbarrati per lo stupore, quell'incredibile spettacolo.

"Signore," implorò don Camillo "abbi pietà di questi infelici..."

Un'ondata percosse il fianco del battello e un'altra stava sopraggiungendo.

"*Ego vos absolvo a peccatis vestris, in nomine Patris et Filii et Spiritus Sancti...*"

Tracciò un'ampia croce nell'aria tempestosa. E tutti si segnarono e tutti baciarono il piccolo Crocefisso.

Tutti fuorché il compagno Oregov che pareva diventato un pezzo di ghisa.

Una montagna d'acqua crollò sul ponte quasi volesse schiacciare quei piccoli uomini: ma Dio aveva stabilito diversamente. Continuò il ballo infernale, ma le onde non colpivano più i fianchi del battello con la violenza di prima.

Si ritrovarono tutti in piedi e, ad un tratto, ebbero la sensazione che il peggio era passato.

Tutti avevano visto che il compagno Oregov non s'era inginocchiato né s'era tolto il berretto, ma soltanto adesso pensarono a lui e al suo contegno.

Sbirciarono verso la scaletta e il compagno Oregov era ancora là: aveva la mascella serrata e ciò che egli non diceva con la bocca lo diceva con gli occhi.

La compagna Nadia, il compagno capitano e

i compagni dell'equipaggio notarono la luce minacciosa che ardeva in quegli occhi e rabbrividirono. Peppone e gli altri no: erano troppo contenti di ritrovarsi vivi per preoccuparsi della minaccia che si leggeva negli occhi del compagno Oregov.

* * *

Il mare continuava a scrollare il battello: però, ora, gli uomini dell'equipaggio potevano darsi da fare attorno alle macchine e alle pompe. E i passeggeri potevano pensare a strizzare i loro abiti inzuppati. Il compagno Oregov fu dimenticato.

Mano a mano che il mare si placava, la vita a bordo rientrava nella normalità. Due ore dopo ognuno aveva ripreso la solita faccia di ogni giorno.

Non era successo niente di strano. Un po' di mare grosso, qualche spruzzo d'acqua, un boccaporto danneggiato, due scialuppe perse: le solite cose che possono capitare a chi naviga.

Il compagno Oregov era stato dimenticato: ritornò alla mente d'ognuno quando il battello arrivò al porto di O., e fu la compagna Nadia a ricordarlo agli altri.

La passerella era stata gettata e Peppone, seguito dai compagni, già si accingeva a scendere, quando la compagna Nadia gli si era piantata davanti.

"Bisogna aspettare il compagno Oregov" spiegò.

Era pallida e l'angoscia tremava nella sua voce.

Sopraggiunse il capitano che parlottò con Nadia e, assieme a lei, scese sottocoperta.

Ritornò con la ragazza pochi minuti dopo e, sorridendo, salutò Peppone e gli altri "eletti".

"*Kak trevòga, tak do Bòga*" disse a don Camillo mentre gli stringeva la mano.

"Possiamo scendere" disse la compagna Nadia. "Disgraziatamente, durante la tempesta, un'ondata ha trascinato in mare il compagno Oregov. Il Partito ha perso un funzionario fedele e intelligente, l'URSS un valoroso soldato."

Scesero e, quando furono a terra, don Camillo si volse verso il mare cercando, sulle onde ancora tempestose e nel cielo nero e minaccioso, il fantasma del compagno Oregov.

"Che Dio perdoni anche i tuoi peccati" sussurrò e l'angoscia gli stringeva il cuore. E cercava disperatamente di convincersi che bisognava credere al compagno capitano. Se il compagno capitano aveva scritto sul giornale di bordo che la tempesta s'era portata via due scialuppe e il compagno Oregov, non c'era nessuna ragione per dubitare del compagno capitano.

* * *

La tempesta aveva ritardato la partenza dell'aereo per Berlino e, sul torpedone che li portava verso l'aeroporto, don Camillo si trovò seduto davanti al compagno Scamoggia.

"E allora, compagno," gli disse "ci salutiamo! Noi partiamo e tu resti."

"No" rispose Scamoggia. "Parto anch'io."

"Non è riuscito, alla compagna Nadia, di farti rimanere?"

"Non gliene ho nemmeno parlato" spiegò lo Scamoggia. "Ho pensato che il Partito comunista italiano ha ancora bisogno di me."

"Bravo, compagno" si compiacque don Camillo. "Chi sa far tacere il cuore per ascoltare la voce del dovere è un buon soldato della causa."

Il compagno Scamoggia sospirò e si mise a guardare fuori dal finestrino.

Ed ecco l'aeroporto.

Il torpedone si fermò davanti al cancello e tutti scesero. La compagna Nadia entrò nell'ufficio assieme al compagno Peppone e presentò i documenti di viaggio. L'ufficiale che comandava il posto di polizia controllò le carte, poi passò l'elenco degli "eletti" a un sottufficiale interprete che incominciò, a voce alta, la filastrocca:

"Bacciga Pietro..."

Entrò il Bacciga: l'ufficiale guardò Peppone che fece cenno di sì, poi la compagna Nadia che disse "*Da*".

"Capece Salvatore..."

La storia si ripeté quando venne la volta del compagno Capece, di Gibetti, Li Friddi, Peratto.

"Rondella Walter..."

Peppone, soprappensiero, non si ricordò che il compagno Rondella era stato rispedito alla base con foglio di via obbligatorio. Quando se ne ricordò era troppo tardi: il dannato napoletano-romeno incontrato al colcos di Tifiz stava già lì davanti a lui, con una faccia tosta straordinaria.

E già Peppone aveva fatto segno di sì, con la testa.

"*Da*" disse, senza esitazione, la compagna Nadia.

Arrivato il turno del compagno Tarocci, venne a Peppone una voglia matta di dire "No!", ma fu questione d'un secondo di secondo.

"Undici arrivati, undici partiti" esclamò ridendo l'interprete riconsegnando a Peppone i documenti.

Avviandosi verso l'aereo, don Camillo s'appressò a Nadia Petrovna e le domandò cosa significasse la frase del capitano.

"L'hai visto coi tuoi occhi, compagno: 'Quando si è in pericolo, ci si ricorda di Dio'."

"Vecchi proverbi di tempi superati" borbottò don Camillo.

Era giunto il momento d'imbarcarsi e la compagna Nadia, mano a mano che gli "eletti" imboccavano la scaletta, stringeva loro la mano. Strinse la mano anche al romeno di Napoli e quasi scoppiava a ridere. Ma, dopo di lui, veniva il compagno Scamoggia e il sorriso le si gelò sulle labbra.

L'ultimo a salire fu don Camillo.

"Addio, compagna" disse don Camillo.

"Prega per me, compagno" rispose con un soffio di voce la compagna Nadia, mentre due lagrimoni le scivolavano giù dagli occhi.

Per un bel pezzo, durante il volo, don Camillo non vide che quegli occhi pieni di tristezza disperata. Poi guardò attraverso l'oblò i campi sterminati velati di nebbia e gli venne alla mente una frase che aveva letto da qualche parte e che s'era annotato nel libriccino delle *Massime* di Lenin: "*Spasitjel mìra, spaì Rossìu!...*"

"Salvatore del mondo, salva la Russia!"

FINE DI UNA STORIA
CHE NON FINISCE MAI

"Signore" si confidò don Camillo rivolto al Cristo
crocifisso dell'altare maggiore: "già da due settimane io sono tornato all'ombra del mio campanile, e
ancora sento pesarmi nel cuore quell'angoscia che
m'ha accompagnato durante tutto il mio viaggio...
Angoscia, Signore, non paura. Non c'era motivo
d'aver paura. Avevo soltanto motivo di vergognar-
mi di me stesso. Provavo l'umiliazione del vecchio soldato che, uso a combattere a viso aperto,
indossa la divisa del nemico e si insinua nei suoi
reparti per spiarne le mosse e per ordire insidie.
Che pena: il crocifisso dalle braccia ripiegabili, nascosto nella penna stilografica, il breviario travestito da *Massime* di Lenin, le Messe clandestine
celebrate davanti al tavolino della mia stanza d'albergo. Che pena..."

"Don Camillo, non t'angustiare" rispose con
dolcezza il Cristo. "Tu non hai agito così per viltà,
o per colpire il prossimo tuo alle spalle, ma per

aiutare il prossimo tuo. Se il prossimo tuo muore di sete, rinuncerai forse a recargli il sorso d'acqua che gli ridarà la vita solo perché, per farlo, dovresti mentire l'essere tuo e renderti ridicolo di fronte a te stesso? L'eroismo del soldato di Cristo è l'umiltà e il suo vero nemico è l'orgoglio. Beati gli umili."

"Signore," replicò don Camillo "voi parlate dall'alto di quella croce che è il più orgoglioso trono dell'universo e che avete conquistato combattendo a viso aperto. Mai voi avete celato l'essere vostro. Mai vi siete presentato alle folle sotto gli abiti del demonio."

"Don Camillo, non è forse umiltà, per il figlio di Dio, vivere come uomo e morire inchiodato sulla croce, fra due birbanti? Don Camillo, guarda il tuo Dio. Guarda le sue misere ignude carni martoriate e l'oltraggiosa corona di spine che reca sul suo capo. Non è, forse, un povero Cristo?"

"Signore," insisté don Camillo levando gli occhi verso il Cristo crocefisso "io vi guardo, ma i miei occhi vedono solo la divina luce del vostro sublime sacrificio. Nessuna luce, neppure la tenue fiammella d'uno zolfanello, rischiara, invece, la trista figura del 'compagno don Camillo'."

Il Cristo rispose:

"E la fiamma che tu hai acceso negli occhi della vecchia donna di Grevinec? E l'altra che tu hai acceso negli occhi del soldato disperso, di sua moglie e dei suoi figlioli? Don Camillo, come mai, sul battello, quando la tempesta infuriava e tu hai tratto il tuo piccolo crocefisso e l'hai mostrato a quegli infelici che si credevano giunti sulla soglia della morte e hai chiesto a Dio la remissione dei loro peccati, come mai nessuno ha trovato ridicolo che il compagno Tarocci si comportasse come un ministro di Dio e, tutti, invece, si sono inginocchiati e si sono segnati e hanno voluto baciare quel misero Cristo dalle braccia snodabili? Non ti sei mai domandato come ciò abbia potuto accadere?"

Don Camillo rimase perplesso: "Io" balbettò "mi sono comportato come si sarebbe comportato qualsiasi ministro di Dio".

"Sì, don Camillo: ma, eccettuato Peppone, nessuno sapeva che tu fossi un ministro di Dio. Per gli altri, tu eri solo il compagno Tarocci. E, allora?"

Don Camillo spalancò le braccia: solo adesso egli pensava a quello strano fatto e gli pareva incredibile.

"Allora," proseguì con dolcezza il Cristo "ciò significa che un pochino di luce emanava anche dal compagno don Camillo."

*   *   *

Don Camillo era tornato alla base da due settimane e, da dieci giorni, stava cercando di mettere sulla carta tutto quello che aveva fatto e detto e visto e sentito durante il suo viaggio. Voleva che il Vescovo sapesse ogni cosa, per filo e per segno, e l'impresa non si presentava facile perché il Vescovo era vecchio e la sua memoria spesso lo tradiva, ma la grammatica se la ricordava perfettamente.

Da quando s'erano lasciati alla stazione di Milano, don Camillo non aveva più avuto notizie di Peppone.

Appena usciti dall'aeroporto di Berlino, il romeno-napoletano era scomparso: a Verona era sceso il compagno Tavan coi suoi tre fili di frumento e, a Milano, assieme a don Camillo avevano abbandonato la compagnia il compagno Bacciga e il compagno Peratto.

"Non ti conviene arrivare assieme a noi fino a Parma o a Reggio Emilia?" aveva domandato lo Scamoggia a don Camillo, e don Camillo gli aveva spiegato che si fermava a Milano per un affare importante: pura verità perché don Camillo aveva lasciata la sua nera scorza a Milano e lì doveva recuperarla.

Peppone aveva fatto rapidamente la conta. Poi, mentre don Camillo si apprestava a lasciare la vettura, aveva consegnato allo Scamoggia del danaro gridandogli allegramente:

"Siamo rimasti solo in sei: cattura sei fiaschi di vino, uno a testa. Offro io!"

La risata di Peppone era rimasta nelle orecchie a don Camillo e, spesso, in quelle due settimane, egli s'era domandato il perché di quell'improvvisa, fragorosa allegria.

Fu lo stesso Peppone a spiegarglielo e ciò accadde proprio la sera del quattordicesimo giorno.

Don Camillo, nel tinello della canonica, stava lottando con la sua relazione, quando qualcuno aveva bussato alla porta di strada, e si trattava di Peppone.

In un primo tempo, don Camillo non l'aveva riconosciuto: egli aveva lasciato un Peppone senatoriale, con "lobbia", cravatta di seta grigia, camicia chiara di fine popeline e maestoso doppiopetto blu, e ora si ritrovava davanti il Peppone paesano dei tempi passati con le brache spiegazzate, la giacchetta di fustagno, il cappello alla diotifulmini, il fazzoletto al collo e il tabarro sulle spalle.

Lo rimirò stupito e poi scrollò la testa:

"Uh, la mia povera memoria" esclamò: "dimenticavo che il popolo lavoratore, quando è a Roma, soffre in divisa da senatore e, quando torna al paesello, soffre in divisa da sindaco. Si accomodi. Però dev'essere un bel fastidio, per lei, dover viaggiare soltanto di notte. Prego, si accomodi".

"Per quello che debbo dirle, posso rimanere anche in piedi" rispose cupo Peppone. "Vengo a pagare il mio debito."

Trasse di sotto il tabarro un cero e lo depose sulla tavola: "Questo è per ringraziare il Padreterno d'avermi salvato dalla tempesta".

Don Camillo sorrise:

" 'Quando c'è il pericolo, ci si ricorda di Dio', mi disse giustamente il capitano del battello. Purtroppo, quando il pericolo è passato ci si dimentica facilmente di Dio. Lei ha buona memoria, e me ne rallegro sinceramente".

"E questo è per ringraziare il Padreterno d'avermi salvato da un certo prete che il diavolo mi aveva messo alle costole!" spiegò lugubre Peppone cavando di sotto il tabarro un secondo cero e deponendolo sulla tavola. Un cero tutto decorato, lungo un metro e venti e di quindici centimetri di diametro.

Don Camillo sbarrò gli occhi.

"Ho dovuto farlo fabbricare appositamente" spiegò Peppone. "È già un cero di buon calibro ma, per essere proporzionato al pericolo rappresentato da quel certo prete, dovrebbe essere alto sedici metri e avere un diametro di tre metri."

"Lei mi fa troppo onore" replicò don Camillo.

"Un piccolo prete di campagna non merita tanta considerazione."

"Ci sono dei piccoli preti di campagna che sono più dannosi di un grosso Papa" stabilì Peppone.

Poi buttò sulla tavola un voluminoso plico e due lettere.

"È roba indirizzata a me perché la consegni al compagno Tarocci" disse Peppone. "Questa storia non mi piace. L'avverto che, se ne arrivassero delle altre, le brucerò."

Don Camillo aprì il plico: conteneva un pacco di grandi fotografie e una lettera che scorse rapidamente.

"Si tratta..."

Peppone lo interruppe:

"Non mi interessano i suoi affari, reverendo".

"Non sono gli affari del reverendo, ma del compagno Tarocci. E il capocellula Tarocci ha l'obbligo di informare il suo diretto superiore. È il compagno Peratto. Mi manda una serie di foto perché ne disponga io come meglio credo. Osservi questo gruppo dove siamo in primo piano lei e io. Non è interessante?."

Peppone agguantò la foto, la guardò e poi disse a denti stretti:

"Voglio sperare che lei non mi procurerà altri guai!"

"Stia tranquillo, senatore. Il compagno Peratto mi manda anche una serie di foto non ufficiali e mi chiede di vedere se posso collocarle, senza fare il nome del fotografo. Ha bisogno di guadagnare un po' di quattrini: il Partito pare lo paghi male assai. Vedrò di accontentarlo."

"Lei farebbe una mascalzonata simile?" urlò Peppone.

"Come crede" rispose don Camillo porgendogli il pacco delle fotografie. "E se non lo leghiamo e lui, poi, manda ai giornali del Partito le foto dove figuro anch'io, e i giornali le pubblicano?"

Peppone si lasciò cadere sulla sedia e si asciugò il sudore che gli bagnava la fronte.

"Compagno, gliel'ho già detto: io non voglio metterla nei guai. Lei scelga le foto da inviare ai giornali del Partito e lasci fare il resto al compagno Tarocci."

Don Camillo, mentre Peppone, rasserenato, faceva passare le fotografie, lesse la seconda lettera e poi riferì:

"È il compagno Tavan. Ringrazia perché ha fatto come l'ho consigliato io e sua madre è contenta. Le tre pianticelle di grano sono arrivate sane e salve e le ha subito poste a dimora. Dice che va a guardarsele tutti i giorni, anche due volte al giorno. 'Se dovessero morire' scrive 'mi sembrerebbe che mio fratello fosse ancora più morto.' Mi prega di salutare e ringraziare il compagno senatore".

Peppone grugnì e continuò a far passare le foto.

La terza lettera conteneva un foglio con poche righe e del denaro.

"È del compagno Gibetti" riferì don Camillo. "A casa gli è venuto un sospetto e s'è fatto tradurre il foglietto. Ci ringrazia. Manda mille lire perché io dica una Messa per l'anima della ragazza. Gli rimanderò le mille lire e dirò, ogni mese, una Messa per quella poveretta."

Peppone pestò un pugno sul tavolino:

"Io non capisco" esclamò: "chi l'ha detto, a questi disgraziati, che lei è un prete?"

"Nessuno. L'hanno capito."

"E come hanno fatto a capirlo?"

"È una questione d'illuminazione" borbottò don Camillo. "Non sono un esperto d'elettricità e mi riuscirebbe difficile spiegarlo."

Peppone scosse il capo.

"Forse la colpa è mia" esclamò. "Forse, là, sul battello, invece di chiamarvi 'compagno' vi ho chiamato 'reverendo'."

"Non mi pare" rispose don Camillo.

Peppone gli mise davanti una foto. In primissimo piano c'era il fu Yenka Oregov.

"Quando l'ho visto per l'ultima volta" disse Peppone a testa china "il pieno della tempesta era passato. Com'è possibile che un'ondata l'abbia trascinato in mare? Cos'è successo sul ponte quando noi siamo tornati sottocoperta?"

"Lo sa soltanto Dio!" gridò don Camillo. "E soltanto lui sa quante volte io abbia pensato a quell'uomo e come io continui a pensarci."

Peppone cavò dal petto un sospirone che non finiva più, poi si alzò.

"Prenderei quelle lì" disse indicando un blocchetto di fotografie.

"Affare fatto" rispose don Camillo. "E, per questi due ceri, come la mettiamo?"

Peppone si strinse nelle spalle:

"Il grosso accendetelo per lo scampato naufragio" consentì.

"Tutt'e due, insomma, per lo scampato naufragio" concluse don Camillo.

"No!" gridò Peppone. "Il piccolo va acceso per lo scampato prete!"

Peppone se ne andò senza salutare e don Camillo corse in chiesa. Non esisteva nessun candelabro capace di contenere il cero gigantesco, ma in sagrestia trovò un grosso e pesante vaso di bronzo che poteva servire allo scopo.

Disposti i ceri sull'altare, don Camillo li accese poi disse:

"Signore, Peppone si è ricordato di voi".

"Anche di te, se non sbaglio" rispose sorridendo il Cristo.

*   *   *

Quand'ebbe letta la lunga relazione il vecchio Vescovo mandò a chiamare don Camillo.

"Adesso" gli disse quando gli comparve davanti "raccontami tutto quello che hai scritto e anche quello che non hai scritto."

Don Camillo continuò a parlare mezza giornata e, alla fine, il Vescovo esclamò:

"Non è possibile! Conversione del compagno Tavan, conversione del compagno Gibetti, liberazione del compagno Rondella, liberazione del romeno di Napoli, Messa e Comunione per la vecchia donna polacca, consacrazione del matrimonio di sua figlia e del disperso, battesimo dei loro sei figlioli, confessione dell'espatriato e sua riabilitazione, Messa per i Defunti, al camposanto. In più, diciotto assoluzioni *in articulo mortis*. E, non contento di questo, sei diventato anche capocellula! Il tutto in soli sei giorni e nel paese dell'Anticristo! Non è possibile".

"Eccellenza, se non basta la mia parola, se non

bastano le fotografie e le lettere, c'è la testimo
nianza del senatore..."

"Anche la testimonianza di un senatore!" gemette il vecchio Vescovo. "Allora, la sciagura è ir-
reparabile!"

Don Camillo lo guardò con occhi sbarrati.

"Non capisci, figliolo," continuò il vecchio Vescovo "che, stando così le cose, io sarò costretto
a farti Monsignore?"

Don Camillo s'inginocchiò:

"*Domine, non sum dignus!*" esclamò levando lo
sguardo al cielo.

Il vecchio Vescovo scosse il capo:

"La stessa cosa che ho detto io, tanti anni fa.
Ma nessuno mi ha dato retta. Che Dio ti protegga,
figliolo..."

* * *

Passò ancora un mese e don Camillo stava pensando sempre meno alla sua incredibile avventura
quando una mattina, uscendo dalla chiesa, s'im-
batté nello Smilzo che con grande diligenza stava
appiccicando un manifesto sul muro di facciata
della canonica.

Don Camillo lo lasciò finire poi, come lo Smilzo
fu sceso dalla scaletta e, volgendosi, si trovò a faccia a faccia con lui, s'informò:

"Compagno, e se qualcuno, approfittando del
fatto che la colla è ancora fresca, staccasse quel
manifesto dal muro e te lo facesse mangiare?"

Lo Smilzo rise:

"Reverendo, deve ancora nascere l'uomo capace di fare una cosa del genere".

"Metti il caso che, per una dannata ipotesi, quel

tizio fosse, invece, nato da un sacco d'anni é si trovasse, in questo momento, davanti a te?"

Don Camillo aveva agguantato lo Smilzo per gli stracci e dava l'idea di non volerlo mollare.

"Allora" ammise lo Smilzo "la situazione sarebbe diversa."

Don Camillo cambiò bruscamente registro:

"Vengo mai io ad appiccicare manifesti sulla facciata della Casa del Popolo?" domandò minaccioso. "E allora, perché venite a insudiciare il muro di casa mia con le vostre scemenze politiche?"

"Non si tratta di politica" precisò lo Smilzo. "È un manifesto che riguarda una manifestazione culturale indipendente."

Don Camillo, senza lasciare la presa, sbirciò in su e apprese che la sera dopo, nella sala del teatro comunale, il senatore Giuseppe Bottazzi, reduce da una visita all'Unione Sovietica, avrebbe parlato del suo viaggio rispondendo a ogni domanda che i cittadini gli avessero rivolto.

Don Camillo allargò il pugno.

"La faccenda cambia" ammise. "Hai ragione: qui si tratta di una manifestazione culturale senza nessuna finalità politica. Dove si ritirano i biglietti d'invito?"

"Ingresso libero a tutti" spiegò lo Smilzo riassestandosi la giacchetta e le costole. "Chiunque può intervenire e domandare schiarimenti."

"Anche io?"

"Anche il Vescovo con tutta la Curia" rispose lo Smilzo facendo prudentemente qualche passo indietro. "Noi lavoriamo soprattutto perché si facciano una cultura i preti."

Lo Smilzo era già fuori tiro ma, comunque, don

Camillo aveva per la testa tutt'altro che lo Smilzo e s'infilò, senza rispondere, in canonica.

Mezz'ora dopo, un ragazzino consegnava alla moglie di Peppone una lettera che diceva testualmente: "Caro compagno senatore, siccome la manifestazione culturale di domani sera mi interessa molto, verrò immancabilmente. Intanto mi permetto di rivolgerti questa domanda: perché ti vai cercando dei guai? Saluti dal compagno Tarocci".

Accadde che, la notte stessa, Peppone dovette partire d'improvviso per Roma e, la mattina seguente, lo Smilzo fu costretto a fare il giro del paese per incollare sui manifesti uno striscione: "Per improvvisi gravi impegni dell'oratore, la manifestazione culturale è rimandata a data da destinarsi".

Anche questa volta, scendendo dalla scaletta, che aveva appoggiata sotto il manifesto appiccicato al muro della canonica, lo Smilzo si trovò faccia a faccia con don Camillo.

"Peccato" si dolse don Camillo. "Chi sa ancora per quanto tempo, il clero dovrà rimanere immerso nelle tenebre dell'oscurantismo medievale?"

Lo Smilzo, recuperata la scaletta e raggiunta la zona di sicurezza, gli rispose:

"Non preoccupatevi, reverendo: al momento giusto vi schiariremo le idee noi!"

In seguito, risultò che la data della manifestazione culturale non venne più fissata. La pioggia provvide a staccare i manifesti dai muri e nessuno parlò più dell'affare.

Sei mesi dopo, non avendo potuto mai parlare della sua avventura ad anima viva, don Camillo incominciava a dubitare di averla realmente vissuta. Forse era stato un sogno.

Ma, una mattina, mentre stava riordinando degli scartafacci nel tinello della canonica, il campanaro venne a dirgli che un forestiero voleva parlargli e, dettogli di farlo passare, si vide di lì a poco comparire davanti il compagno Nanni Scamoggia.

Una faccenda del genere non se la sarebbe mai aspettata e rimase per un bel po' senza parola.

"In che modo ti trovi qui?" balbettò alla fine.

"Perché i treni funzionano anche da Roma in su" rispose lo Scamoggia. "Il vostro indirizzo l'ho fatto sputare al compagno Bottazzi."

"Capisco" borbottò don Camillo che non aveva capito niente. "E perché sei venuto da me?"

Il compagno Scamoggia era sempre il solito bullo e lo dimostrò dal modo col quale accese la sigaretta e si stravaccò nel seggiolone a lato del caminetto. Ma la sua strafottenza non divertiva più don Camillo che non aveva dimenticato gli occhi pieni di lagrime della compagna Nadia Petrovna.

"Sono in un guaio, compagno... reverendo" spiegò lo Scamoggia. "Si tratta di quella famosa ragazza."

"Cosa le è successo?"

"È arrivata a Roma due mesi fa, assieme a una delegazione di donne sovietiche. Ha tagliato la corda ed è rimasta."

"E tu?"

Lo Scamoggia si strinse nelle spalle:

"Come comunista militante e capocellula mica potevo trafficare con una compagna che ha tradito la patria sovietica e il Partito".

"E allora?" incalzò don Camillo.

"Allora, per poterla sposare, ho dovuto dare le

dimissioni dal Partito" spiegò lo Scamoggia buttando la cicca nel fuoco.

"Sarebbe questo il guaio?"

"No" rispose lo Scamoggia. "Il guaio è che da un mese l'ho sposata e da un mese mi sta togliendo il fiato perché il matrimonio in comune non le basta. Vuole anche quello in chiesa."

Don Camillo lo guardò rasserenato:

"Se tutto il guaio è qui, è un guaio da poco" osservò.

"Per voi non lo è. Grazie tante! Ma per uno come il sottoscritto che, a sentire parlare di preti, gli viene il voltastomaco e li impiccherebbe tutti dal primo all'ultimo, il guaio è grosso."

"Capisco, compagno" esclamò don Camillo. "Ognuno è libero di pensarla come meglio crede. Ma, se la pensi così, perché sei venuto proprio a dirlo a me?"

"Perché, se proprio debbo farmi fregare da un prete, che sia almeno un prete con qualche attenuante. Alla fine voi siete un ex compagno come me, in un certo senso. E in un certo senso, siete anche il mio ex capocellula."

"Non ti posso dar torto" riconobbe onestamente don Camillo. Allora lo Scamoggia si volse verso la porta, urlò "'A Na'!" e apparve la compagna Nadia Petrovna che, appena scorto don Camillo, si precipitò a baciargli la mano.

Lo Scamoggia la guardò con una smorfia di disgusto:

"Che schifo!" borbottò: "da due mesi è in Italia e già conosce le regole del gioco come ci abitasse dalla nascita".

Avevano tutte le carte in regola e combinare il

matrimonio fu una faccenda spiccia, liquidata senza chiasso. Naturalmente Peppone dovette ingoiare anche la pillola di funzionare da testimone per la sposa. Ma non fu una pillola troppo amara e la ingoiò sorridendo.

Prima che i due sposi se ne andassero don Camillo trasse in disparte l'ex compagna Nadia Petrovna e le domandò cosa fosse successo al compagno Oregov.

"Una brutta storia" rispose la donna. "Quando siamo scesi sottocoperta il compagno Oregov ordinò al capitano di bloccarci tutti e di mettere ai ferri voi e il compagno Bottazzi. Parlava di inchieste di tradimento di spie del Vaticano. Era come impazzito: insultò e minacciò anche il compagno capitano. Così vennero alle mani e un pugno del capitano buttò il compagno Oregov contro il parapetto. In quel momento un'ondata investì il ponte e si portò via il compagno Oregov. Questa è la verità e la sappiamo soltanto il capitano, voi e io. Una triste storia..."

*   *   *

I due sposi se ne andarono e don Camillo e Peppone rimasero a scaldarsi davanti al fuoco che ardeva nel caminetto del tinello.

Non apersero bocca per un bel pezzo, quindi, don Camillo esclamò:

"Prendiamo nota, prima che mi dimentichi!"

Trasse di tasca la sua famosa agenda e spiegò:

"Bisogna che aggiunga alla lista altre due conversioni e un altro matrimonio".

"Scrivete pure!" ruggì Peppone. "È tutta roba che poi vi troverete sul conto quando arriverà il momento della riscossa proletaria. E pagherete tutto!"

"Non mi farete neanche un piccolo sconto? Neanche un po' di riguardo per un ex compagno?"

"Ma sì" ghignò Peppone. "Vi lasceremo scegliere dove vorrete essere impiccato."

"Lo so già" rispose don Camillo. "Vicino a te, compagno..."

Era una fredda giornata d'inverno e la nebbia, salendo dal grande fiume, distese il suo velo anche su questa storia che era appena appena finita e già pareva vecchia come il cucco.

SOMMARIO

ELENCO IN ORDINE CRONOLOGICO
DELLE OPERE DI GIOVANNINO GUARESCHI

1941   LA SCOPERTA DI MILANO
Umoristico e con intenzioni autobiografiche.

1942   IL DESTINO SI CHIAMA CLOTILDE
Decisamente umoristico. Talvolta violentemente umoristico.
Scritto con l'intenzione di tenere un po' allegro il lettore.

1944   IL MARITO IN COLLEGIO
Umoristico, ma assai più blando di «Clotilde». Scritto con l'intenzione di far sorridere.

1945   LA FAVOLA DI NATALE
Scritto nel dicembre 1944 quando era prigioniero in un Lager
tedesco.

1947   ITALIA PROVVISORIA
Album di ricordi del dopoguerra italiano.

1948   DON CAMILLO

1948   LO ZIBALDINO
Racconti di vita familiare e storie amene.

1949   DIARIO CLANDESTIN O
Ricordi speciali di prigionia.

1953   DON CAMILLO E IL SUO GREGGE

1954   CORRIERINO DELLE FAMIGLIE
Racconti di vita familiare.

1963   IL COMPAGNO DON CAMILLO

1967   LA CALDA ESTATE DEL PESTIFERO
Favola per bambini.

OPERE POSTUME

1980 GENTE COSÌ
      Storie di don Camillo e Peppone.

1981 LO SPUMARINO PALLIDO
      Storie di don Camillo e Peppone.

1982 IL DECIMO CLANDESTINO
      Storie del «piccolo mondo borghese».

1983 NOI DEL BOSCACCIO
      Storie del «piccolo mondo borghese».

1986 L'ANNO DI DON CAMILLO
      Un anno assieme a don Camillo e Peppone.

1988 OSSERVAZIONI DI UNO QUALUNQUE
      Racconti di vita familiare.

1989 RITORNO ALLA BASE
      Favole, racconti e ricordi speciali di prigionìa. Inoltre cronaca di un ritorno, dodici anni dopo, alla ricerca delle speranze e dei pensieri del Giovannino di allora, vestito di sogni.

1991 MONDO CANDIDO 1946-1948
      Il racconto di un periodo importante dell'Italia fatto con i migliori articoli, rubriche e vignette di Guareschi apparsi su «Candido» dal 1946 al 1948.

1992 MONDO CANDIDO 1948-1951

1993 CHI SOGNA NUOVI GERANI?
      GIOVANNINO GUARESCHI
      «Autobiografia» a cura di Carlotta e Alberto Guareschi.

1995 VITA CON GIO'
      «Vita in famiglia» & altri racconti.

1996 CIAO, DON CAMILLO
      Storie di don Camillo e Peppone.

1996 DON CAMILLO E DON CHICHÌ
      Edizione integrale di «Don Camillo e i giovani d'oggi».

1997 MONDO CANDIDO 1951-1953

OMNIBUS

1984 IN FAMIGLIA
      Comprende *La scoperta di Milano, Lo Zibaldino* e *Corrierino delle famiglie*.

BIBLIOGRAFIA ESSENZIALE

AA.VV. *Aux quatre vents* (estratto) - *Les lumières de la ville,* da «Le Figaro Litteraire», 26 aprile 1952, p. 2.

AA.VV. *Giovannino Guareschi - Bibliografia,* da «Relleu», Butlleti del Grup d'Estudis Nacionalistes, Barcelona, n. 37, estate 1992.

AA.VV. *Nuovissima Enciclopedia Generale De Agostini: «Guareschi Giovanni»,* Ist. Geogr. De Agostini, Novara, 1995 (Vol. 10), p. 3.468.

AA.VV. *Dopo il Lager. La memoria della prigionìa e dell'internamento nei reduci e negli «altri»,* a cura di V.E. Giuntella, Guisco, Napoli, 1995, pp. 83, 167, 208, 326, 327.

AA.VV. *La nostra Repubblica. 50 anni di storia vista dal Nord-est (1° fascicolo, 1945-1960) a cura di Edoardo Pittalis: «Tra don Camillo e il Nobel»,* di Giovanni Lugaresi, Ed. San Marco SpA «Il Gazzettino», Venezia, giugno 1996, p. 87.

AA.VV. *Novecento padano. Arte, cinema, letteratura del Po,* Ist. Beni Culturali, Grafis Edizioni, Bologna, 1996, pp. 5, 36, 43, 45.

Accame, G. *Tutta la verità,* da «Nuova Repubblica», 28 luglio 1968.

«Adnkronos» *Guareschi: "Osservatore Romano" lo rivaluta come uomo di fede,* 20 dicembre 1996, 13,06. (*cfr.* **Vicentini, G.**)

Afeltra, G. *Famosi a modo loro,* Rizzoli, Milano, 1988.

Ajello, N. *Giovannino l'apostolo,* da «la Repubblica», 17 febbraio 1988.

Aloi, A. *Lui di sinistra? Ma mi faccia il piacere...,* da «Cuore», 13 agosto 1994.

Alter, A. *Humour lucide* (Les Livres), da «Témoignage Chrétien», 11 maggio 1951.

Alvaro, C. *I drammi dei furbi,* da «Il Mondo», 29 marzo 1952.

Andreotti, G. *De Gasperi e il suo tempo,* A. Mondadori, Milano, 1956, pp. 301, 404-412.

Angeloni, M. *Ritratto di un umorista,* da «Sesta Ora», Matera, giugno 1963.

Angrisano, F. *Sotto i baffi sorride Giovannino,* da «La Civetta», Torre Annunziata, novembre 1950.

«Annabella» *Intervista a Giovannino Guareschi e Enzo Tortora,* 26 febbraio e 4 marzo 1961.

Ansaldo, G. *Lettera aperta a Guareschi,* da «Il Borghese», 4 giugno 1954.

Antonelli, E. *Guareschi diede voce all'italiano mediocre,* da «Il nostro Tempo», 28 luglio 1968.

Auriol, V. (Intervista a), da «Il Tempo», 22 giugno 1963.

Ballester, R. *Nota biogràfica,* da «Obras de Giovanni Guareschi», Vol.*, Plaza & Janes E. S.A. Ed., Barcelona, Buenos Ayres, Mexico D.F., Bogota 1969.

Bandini, F. *«Non potevi fare lo stagnaro?»* chiede la moglie a Guareschi, da «L'Europeo», 17 luglio 1955.

Baricco, A. *Guareschi, petardi d'autore sotto le poltrone dei critici*, da «La Stampa», 17 giugno 1993, p. 20.

Belfiori, F. *Guareschi antiscrittore umoristico*, da «Pagine libere», aprile 1968, Roma, pp. 166-168.

Bellaspiga, L. *In cerca di Giovannino della Bassa*, da «L'Indipendente», 29 agosto 1995.

Bellotti, F. *Testimonianza inedita.*

Beltrame Quattrocchi, padre *Gioie segrete di un Natale in carcere (25 dicembre 1954)*, da «Guareschi 25 anni dopo», Catalogo a cura dell'Associazione «Gaudium et Spes» e «Club dei Ventitré», Praglia (PD), 1993, pp. 5-12.

Benedetti, A. *De Gasperi e Guareschi*, da «L'Europeo», 25 aprile 1954.

Beretta, R. *L'Italia vuole don Camillo*, da «Avvenire» ("Agorà"), 29 ottobre 1996, p. 19.

Bernardi Guardi, M. *Bentornato Giovannino* (Società e Cultura), da «Il Borghese», 6 agosto 1997, pp. 62-66.

Bernardi Guardi, M. *Giovannino Guareschi ed un grande mondo antico*, dal «Secolo d'Italia», 7 dicembre 1995.

Bernardi Guardi, M. *Guareschi reazionario con sorriso*, da «Il Tempo», 12 dicembre 1996, p. 15.

Bertelloni, M. *G.G. scrittore civile*, da «Il Fogliaccio», n. 2, novembre 1988.

Bertrand, J. *Narrativa italiana in Francia*, (intervista), dal «Notiziario Culturale italiano», Parigi, ottobre 1963.

Bevilacqua, A. *Ciò che si fa e si deve fare per far conoscere i nostri scrittori*, da «Il Messaggero di Roma», 6 dicembre 1963.

Bevilacqua, A. *Don Camillo e Peppone, una prova di coraggio*, dal «Corriere della Sera», 2 luglio 1987.

Biagi, E. *Guareschi è il confidente della gente di tutti i giorni*, da «Il Giornale dell'Emilia», 24 marzo 1953, p. 3.

Biagi, E. *La morte di un anarchico sentimentale*, da «La Stampa», 23 luglio 1968.

Biagi, E. *«I» come Italiani*, Nuova ERI-Rizzoli, Roma-Milano, 1993, pp. 87-89.

Biagi, E. *Quante donne*, ERI-Rizzoli, Roma-Milano, 1996, pp. 96, 166.

Bianchi, P. (Volpone) *Shakespeare e Giovannino*, da «Candido», n. 8, 1950.

Bignardi, I. *C'era una volta la prigionìa*, da «la Repubblica», 24 dicembre 1992.

Biscossa, G. *Faceva nascere il sorriso entro i cupi «verboten» dei reticolati*, dal «Corriere del Ticino», 21 ottobre 1988.

Biscossa, G. Lettera esplicativa dell'estratto (Introduzione) del libro *Red bamboo* di Kukrit Pramoj (Progress Bookstore, Bangkok, Thailand, 1961) - Massagno (Svizzera), 6 ottobre 1994.

Bishop, M.G.H. *Language, medicine and diplomacy*, dal «Journal of the Royal Society of Medicine», Vol. 85, dicembre 1992, pp. 715-716.

Bo, C. *Guareschi: nel suo mondo c'era solo la pace*, da «Gente», 21 gennaio 1988.

Bo, C. *Maupassant cent'anni dopo attende ancora il vero successo,* da «Gente», 26 luglio 1993.

Bocca, G. *Trapezisti e mentitori,* da «la Repubblica», 6 marzo 1981.

Bocchi, N. (Nibbio) *Il Nino dell'anteguerra e il Giovannino di dopo,* dalla «Gazzetta di Parma», 22 agosto 1968.

Boensch, M.R. *Colloqui con Ezra Pound,* da «Il Borghese», 31 luglio 1958, p. 182.

Boffo, D. *Guareschi, la pedagogia semplice della fede,* "Lettere al Direttore": risposta a Giovanni Lazzaretti, da «Avvenire», 7 febbraio 1997, p. 23.

Borgese, G. *Quando i comunisti divennero trinariciuti,* dal «Corriere della Sera», 11 dicembre 1992.

Borgsen, W. (& Volland, R.) *Stalag XB Sandbostel,* Edition Temmen, Bremen, 1991, pp. 141, 142, 149, 276.

Borlandi, B. *Addio, Giovannino,* da «La Notte», 22 luglio 1968.

Boselli, P. *Bossi-Guareschi. Sarebbe stato amore?,* da «il Giornale», 24 giugno 1996, p. 8.

Bossaglia, R. *Il mio «Bertoldo». Dalle emozioni giovanili alla riflessione critica,* prefazione a *Milano 1936-1943: Guareschi e il «Bertoldo»* di A&C Guareschi, R.C.S. Libri & Grandi Opere, Milano, 1994.

Bottura, L. *Una galera coi baffi,* da «Cuore», 13 agosto 1994.

Briganti, P. *Narratori a Parma: da Barilli a Colombi Guidotti,* da «Officina parmigiana» (a cura di Paolo Lagazzi), Ugo Guanda Ed., Parma, 1994.

Calcagno, G. *Gli ultras della latinità,* da «Leggere», giugno 1962.

Calcagno, G. *I «casi». Da Don Camillo ai Porci con le ali,* da «La Stampa» ("Società & Cultura"), 27 luglio 1996.

Cancogni, M. *L'epoca di Guareschi,* da «La Fiera letteraria», 1° agosto 1968.

Canepa, O. *Orazione funebre «in die septima»,* incdita, 1968.

Capovilla, mons. L.F. *(cfr.* **Roncalli, M.**)

Casalbore, M. *Guareschi il prigioniero con le ali,* da «Globarte», n. 5, Milano, agosto 1968, pp. 18, 19.

Casoli, G. *Ciao, don Camillo,* da «Città Nuova», 23 marzo 1997, p. 51.

Cassinotti, C. (& Gilli, F.) *Giovannino Guareschi e il suo mondo,* antologia per le medie inferiori, apparato didattico di G. Airoldi, Atlas, Bergamo, 1991.

Castellani, L. *Degli umoristi italiani contemporanei - VI - Mosca, Guareschi,* da «Davide», Anno VII, n. 1-2, gennaio-aprile 1957, Milano, pp. 13-18.

Castellini, F. *(cfr.* **Lombardo, M.**)

Catti De Gasperi, M.R. «De Gasperi uomo solo», Mondadori, Milano, 1964, pp. 397-404.

Cavalleri, G. *Ombre sul lago,* Piemme, Casale M. (AL), 1995.

Cavallotti, G. *Il riso amaro di Guareschi,* da «Oggi», n. 44, 1958.

Ceronetti, G. *L'italiano che ride,* da «La Stampa», 28 gennaio 1987.

Chemotti, S. *Guareschi Giovanni,* dal «Dizionario della Letteratura Italiana», diretto da Vittore Branca, UTET, Torino, 1986, Vol. II, pp. 455, 456.

Chierici, M. *Peppone è tornato a casa,* dal «Corriere Lombardo», 17-18 ottobre 1961.

Chiesa, A. *Torna Guareschi: parliamone male,* da «Paese Sera», 15 febbraio 1980.

Chiesa, A. *Come ridevano gli italiani,* Newton & Compton, Roma, 1984.

Chiesa, A. *Così ridono gli italiani,* Newton & Compton, Roma, 1985.

Chiesa, A. *La satira politica in Italia,* Laterza, Roma-Bari, 1990.

Clements, R.J. *European Literary Scene* (estratto), da «Saturday Review», 5 ottobre 1968, New York, p. 25.

Clerici, L. *Lo sfruttamento del filone Guareschi,* da «Tirature '96», a cura di Vittorio Spinazzola, Baldini & Castoldi, Milano, 1996, pp. 68-72.

Clerici, L. (& Falcetto B.) *Il successo letterario,* UNICOPLI, Milano, 1985.

Club dei Ventitré Ricerca effettuata a favore del prof. A. per una conferenza, Roncole Verdi, 1992.

Club dei Ventitré Ricerca sugli spostamenti di GG nei Lager del Terzo Reich effettuata a favore dello studente dell'Università di Saarbrücken Oliver K. per Tesi di Laurea, Roncole Verdi, febbraio 1994.

Club dei Ventitré Ricerca effettuata per Beppe G. per il controllo dati della serie *Vita e storie di Guareschi* («Il Giornale» giugno-luglio 1995), febbraio-giugno 1995.

Coltano, A. (*cfr.* **Montanelli, I.**)

Consiglio, A. *Guareschi l'individualista,* da «Il Tempo», 23 luglio 1968.

Conti, G. *Giovannino: l'umorismo coi baffi,* da «Qui Parma», 21 gennaio 1995.

Conti, G. *Ma come scriveva Guareschi?,* da «Qui Parma», 27 maggio 1995.

Corticelli, G. *Risposta all'interrogazione n. 1993 del Consigliere S. De Carolis per sapere quali iniziative la Giunta intenda predisporre per celebrare GG al quale è stata dedicata una mostra antologica a Busseto,* Ass. alla Cultura Regione Emilia-Romagna (Servizio Cultura), Bologna, 28 maggio 1986.

Cuesta, U. *Don Camillo,* da «Il Tempo di Milano», 6 aprile 1952, p. 1.

Dall'Acqua, M. *Luigi Froni, scultore pirandelliano,* dal Catalogo della Mostra di sculture di Luigi Froni a Sorbolo (PR), Arti Grafiche Castello, Viadana (MN), 1990.

Dalma, A. *Giovanni Guareschi à la conquête du monde,* da «Le soir illustré», Paris, Bruxelles, 29 aprile 1954.

Del Bo, M. *In viaggio con Giovannino Guareschi,* Il Torchio Edizioni, Milano, 1996.

Del Boca, A. *È costato cinque lire il matrimonio di Guareschi,* da «Gazzetta Sera», 29-30 settembre 1953, p. 3.

Del Buono, O. *E Guareschi tornò in prigione,* dal «Corriere della Sera», 28 maggio 1989.

Del Buono, O. *Introduzione a «La scoperta di Milano»,* Rizzoli, Milano, 1989.

Del Buono, O. *Guareschi, il presidente e il re,* da «La Stampa», 23 giugno 1991.

Del Buono, O. *Amici maestri* (serie), da «Tuttolibri» («La Stampa»), dicembre 1994 - 21 gennaio 1995.

Dentice, F. *Obiettivo centomila. I Bestsellers degli ultimi cent'anni,* da «L'Espresso», 22 luglio 1962.

«Der Spiegel» *Guareschi - Komödie des Kleinkriegs,* Neujahr 1953, pp. 26-30.

«Die Tat» *Don Camillo e Peppone,* Zurigo, 18 ottobre 1952.

D'Orrico, A. *L'eredità Guareschi. Giù le mani da Peppone e don Camillo,* da «Epoca», 11 settembre 1994.

Dossena, G. *Oggi sono i giovani a scoprire Guareschi e Mosca,* da «Tuttolibri» («La Stampa»), 5 luglio 1985.

Dossena, G. *La fortuna di Guareschi copiato anche in thailandese,* da «Tuttolibri» («La Stampa»), 22 marzo 1986.

Dossena, G. *Ridete: è un ordine,* da «Mercurio» («la Repubblica»), 11 maggio 1991.

Durando, G. *A Milano si celebra il processo De Gasperi - Guareschi,* da *Io no!* Vol. III (1952-1955), Tip. Toso, Torino, 1994.

Durando, G. *In margine alla rinata polemica sul processo intentatogli da De Gasperi - GUARESCHI INNOCENTE, Ibid.* Vol. VII (1975-1994).

Erluison, G. *Il tempo lontano delle «signore maestre»,* da «Al pont ad mez», Natale 1988.

Escarpit, R. *Sociologia della letteratura,* Tasc. Econ. Newton, Roma, 1994.

Faeti, A. *Piccolo mondo in lite,* da «l'Unità», 3 gennaio 1991.

Faeti, A. *Dal Po agli Appennini,* Bologna, 1992.

Faeti, A. *Il candido Giovannino,* da «l'Unità», 21 giugno 1993.

Faeti, A. *La fresca estate di Giovannino il contanovelle,* introduzione a *La calda estate del Pestifero* di Giovannino Guareschi, R.C.S. Libri & Grandi Opere, Milano, 1994.

Falcetto, B. (*cfr.* **Clerici, L.**)

Falcini, F. *Guareschi Giovanni - Il compagno don Camillo* (recensione), da «Il Ragguaglio librario», marzo 1964.

Fanti, E. Testo della conferenza sull'internamento dei 700.000 soldati italiani nei Lager tenuta nella Scuola media «Addobbati» di Villanterio (PV) il 19 ottobre 1996.

Ferroni, G. *Società e cultura del dopoguerra -* EPOCA *Ricostruzione e sviluppo nel dopoguerra,* da *Storia della letteratura italiana - Il Novecento,* Vol. IV, Einaudi Scuola, 1991, p. 364.

Filippini, G. *Montanelli ha torto. Guareschi non è morto* (intervista a don A. Pronzato), da «L'Arena», 9 novembre 1994.

Fresco, M. *Il coraggio della verità,* da «il Giornale», 16 febbraio 1996.

Furlotti, A. *Guareschi vorrebbe fare un film d'ambiente tipico parmigiano,* dalla «Gazzetta di Parma», 24 aprile 1958.

Fuschini, F. *Vita da cani e da preti,* Marsilio, Venezia, 1995.

Gallo, A. *Don Camillo e Peppone, 50 anni dopo,* da «Ordine dei Giornalisti dell'Emilia-Romagna», n. 2, luglio 1996, pp. 32, 33.

Ganne, G. À *Nosate à la recherche de Peppone et de don Camillo*, da «L'Idée Litteraire», 9 giugno 1953.

Ganne, G. *L'homme qui m'a inspiré «Don Camillo» e Quel homme, ce Guareschi!*, «Familial Digest», Paris, n. 48, ottobre 1953, pp. 13-24.

Gerosa, G. *Guareschi piace: un motivo c'è*, da «Il Giorno», 13 agosto 1986.

Ghislotti, S. *Guareschi scrittore di cinema: le sceneggiature del film «Don Camillo e l'onorevole Peppone»*, dai «Quaderni del Dipartimento di Linguistica e Letteratura comparata», Università di Bergamo, n. 10, Guerini Editore, Milano, 1994.

Gilli, F. (*cfr.* **Cassinotti, C.**)

Ginsburg, P. *Storia d'Italia dal dopoguerra a oggi*, Einaudi, Torino, 1989.

Giovannini, A. *Un poeta all'italiana*, da «Roma-Napoli», 23 luglio 1968.

Giuntella, V.E. *La resistenza dei militari italiani internati in Germania*, da «ANPI oggi», n. 3, marzo 1996, p. 25.

Gnocchi, A. *Guareschi, animaccia della Bassa*, da «Studi Cattolici», n. 388, giugno 1993, pp. 376-379.

Gnocchi, A. *Giovannino della Bassa*, da «Historia», n. 429, novembre 1993, pp. 70-77.

Gnocchi, A. *Don Camillo e Peppone: l'invenzione del vero*, R.C.S. Libri & Grandi Opere, Milano, 1995.

Gnocchi, A. *Nella buona & nella cattiva sorte*, Edizioni Ares, Milano, 1996, pp. 153-155.

Gnocchi, A. *Ciao, don Camillo*, da «Studi Cattolici», luglio/agosto 1996, pp. 549-551.

Gnocchi, A. *Giovannino Guareschi e i giovani d'oggi*, dagli Atti della conferenza tenuta a Lonato (BS) il 17 novembre 1996.

Gorresio, V. *Guareschi accanto a Verdi*, da «La Stampa», 26 agosto 1980.

Gorresio, V. *Ho parlato male di Garibaldi*, da «La Stampa», 30 settembre 1980.

Gorresio, V. *Una storia italiana: come a Busseto distruggono Verdi e De Gasperi per esaltare Guareschi*, da «Epoca», 30 settembre 1980, pp. 183, 184.

Grisi, F. *Il "rebus" Guareschi*, da «Il Secolo d'Italia», 21 luglio 1989.

Gualazzini, B. *Guareschi*, Editoriale Nuova, Milano, 1981.

Gualazzini, B. *Vita e storie di Guareschi*, da «il Giornale» (serie), giugno-luglio 1995.

Guareschi, G. *Occhio segreto nel Lager*, da «Oggi», nn. 3-13, 1946.

Guareschi, G. *Prefazione a «Attenti al filo!»* di Berretti, A., Libreria Italiana Editrice, Genova, 1946.

Guareschi, G. *Spiegazione del Mondo piccolo*, inedito, 1948.

Guareschi, G. *Sfogo*, da «Giro d'Italia», «Candido», n. 29, 17 luglio 1949.

Guareschi, G. *Istruzioni per l'uso*, da *Diario clandestino*, Rizzoli, Milano, 1949.

Guareschi, G. *Fegato* (stralcio), da «Candido», n. 2, 11 gennaio 1953.

Guareschi, G. *Quella chiara onesta faccia,* da «Candido», n. 7, 1953.

Guareschi, G. *Il «Premio Nobel» e le due facce della luna,* da «Candido», n. 44, 1° novembre 1959.

Guareschi, G. *Istruzioni per l'uso,* da *Il compagno don Camillo,* Rizzoli, Milano, 1963.

Guareschi, G. *Lettera all'Ist. tecn. G. Beccelli di Civitavecchia,* Roncole Verdi, 13 giugno 1964.

Gulisano, P. *Don Camillo ha 50 anni,* da «Area», n. 9, dicembre 1996, pp. 81-82.

Heiney, D. *America in modern Italian Literature,* New Brunswick, N.Y. Rutyers U. P., 1964, pp. 103-113.

Heyl *De Domino Camillo Ejusque Familiaribus,* da «Vita Latina», Édouard Aubanel, Avignon, maggio 1958, pp. 60-70.

«Il Mattino» *Don Camillo negli Stati Uniti,* Napoli, 29 agosto 1950.

«Il Mondo» ("Parnaso"), 23 settembre 1950, p. 9.

«Il Politico», *La campagna del settimanale «Candido»,* Università degli Studi, Pavia, aprile 1954.

Isnenghi, M. *I luoghi della memoria - Personaggi e date dell'Italia Unita,* Edizioni Laterza, 1997, pp. 244, 245-247.

Lami, L. *Giornalismo all'italiana,* Edizioni Ares, 1997, p. 7.

Lanaro, S. *Storia dell'Italia repubblicana - Dalla fine della guerra agli anni Novanta,* Marsilio, Venezia, 1992, pp. 111-117.

Langella, R. *Quella fede che illumina il mondo di Guareschi,* da «La Voce Repubblicana», 6-7 gennaio 1997, p. 4.

Lazzaretti, G. Lettera di commento a una affermazione del Card. Biffi apparsa su «Avvenire» il 18 maggio 1997, inviata alla redazione di «Avvenire» da San Martino in Rio il 25 maggio 1997.

Lazzero, R. *Gli schiavi di Hitler,* A. Mondadori, Milano, 1996, pp. 280, 281, 297.

Leparulo, W.E. *La caricatura come critica del costume: radice umoristica essenziale dei racconti di Giovannino Guareschi,* da «Letteratura Italiana e Arti figurative» – I – Atti del XII Convegno dell'Ass. Internaz. per gli studi di lingua e letteratura italiana, a cura di Antonio Franceschetti, Firenze, Leo S. Olschki Ed., 1988, pp. 1185-1191.

«L'Europeo» *Don Camillo nella Quinta Strada,* 10 settembre 1950.

Livorsi, F. *Giovanni Guareschi e i mulini a vento,* da «Gazzetta Padana», 2 dicembre 1960.

Livorsi, F. *Un vero umorista alle origini della Repubblica,* da «Avanti!», 8 gennaio 1992.

Lombardo, M. *Ci sono tre punti deboli nella "verità" raccontata da De Gasperi,* da «Epoca», n. 38, 24 settembre 1995 (seconda parte del servizio sul Carteggio Mussolini-Churchill - «Epoca», n. 37 e 38 - a cura di Lombardo, M. e Castellini, F.).

Loverso, G. *Peppone e i suoi lo stimano. E don Camillo? Ce ne sono due,* dal «Corriere Lombardo», 23 aprile 1954.

Lugaresi, G. *Scrivere per sopravvivere,* da «Il Fogliaccio», n. 3, 1989.

Lugaresi, G. *Quel «piccolo grande mondo»,* dal Catalogo per la Mostra su Guareschi edito dalla Cassa di Risparmio di Verona, 1990.

Lugaresi, G. *Don Camillo, chi era costui,* conferenza (testo) tenuta a Bozzolo nella Fondazione «Don Primo Mazzolari», 1991.

Lugaresi, G. *Guareschi, il cristiano,* testo della relazione per il Convegno di Praglia (PD) in occasione del 25° anniversario della scomparsa di GG, 12 giugno 1993.

Lugaresi, G. *Sulle orme di Don Camillo nei luoghi del «Mondo piccolo»,* da «Omnibus», numero zero, Rovigo, marzo 1995.

Lugaresi, G. (*cfr.* **AA.VV.**, *La nostra Repubblica. 50 anni...*)

Lugaresi, G. *Le lampade e la luce. Guareschi: fede e umanità,* R.C.S. Libri & Grandi Opere, Milano, 1996.

«l'Unità» *Adunata romana di «geni» fascisti,* 9 maggio 1962.

«l'Unità» *È morto Giovanni Guareschi,* 23 luglio 1968.

Madeo, L. *Guareschi in Germania per dimenticare,* da «La Stampa», 1° settembre 1994.

Manca di Villahermosa, R. *Vita di redazione,* da «Il Fogliaccio», n. 2, 1988.

Mangini (*cfr.* **Pallottino, P.**)

Manzoni, C. *Gli anni verdi del «Bertoldo»,* Rizzoli, Milano, 1964.

Manzoni, C. *La settimana del signor Veneranda,* da «La Notte», 27 luglio 1968.

Manzoni, C. *Ricordo di Guareschi,* da «L'Europeo», 1° agosto 1968.

Manzoni, C. *Un vaso senza fiori,* dalla «Gazzetta di Parma», 22 luglio 1973.

Marchesini, U. *Guareschi dice "ciao" a Mondo Piccolo,* da «La Nazione» ("Cultura e Spettacoli"), 28 aprile 1996.

Marchetti, G. *Mondo piccolo e piccolo mondo in Giovanni Guareschi,* da «Aurea Parma» (estratto), Fascic. II - Anno LXI, luglio-ottobre 1977.

Marchetti, G. *Perché sì perché no,* dalla «Gazzetta di Parma», 1° maggio 1978, p. 3.

Marchetti, G. *Giovanni Guareschi scrittore giornalista e artista,* dalla «Gazzetta di Parma», 21 luglio 1988.

Marchi, C. *Il papà di don Camillo,* da «L'Arena», 24 luglio 1968.

Marin, padre B. *Le lampade e la luce:* intervento in occasione della presentazione a Praglia (PD) – a cura dell'Associazione «Gaudium et Spes» – dell'opera omonima di Giovanni Lugaresi, 1996.

Marotta, G. *Umiltà di Brescello e superbia di West Point,* da «L'Europeo», 30 ottobre 1955.

Marri, F. *La Germania in Italia oggi. Riflessi culturali, letterari, linguistici,* da «Atti e Memorie» serie VII - Volume XII - 1994-95 (estratto), Accademia Nazionale di Scienze Lettere e Arti, Modena, pp. 400-405 - Poligrafico Mucchi, Modena, 1996.

Marri, F. *Parole nuove fra Germania e Italia,* da «Italica et Romanica - Festschrift für Max Pfister zum 65. Geburtstag». (Sonderdruck aus Italica et Romanica), Max Niemeyer Verlag, Tübingen, 1997.

Matas, T. *Del petit mon de don Camillo al mon de Giovannino Guareschi,* da «Relleu», Butlleti del Grup d'Estudis Nacionalistes, Barcelona, n. 36, primavera 1992.

Melzi d'Eril, C. *Giovannino Guareschi: una lezione di libertà,* da «Tonominore» (piazza Berengario 5, Pavia) n. 1, novembre 1996, pp. 35-42.

Messori, V. *Un parroco che piace,* da «Vita Pastorale», n. 10, 1988.

Messori, V. *Pensare la storia,* Edizioni Paoline, Milano, 1992.

«Miles Immaculatæ» *Dialogo alla bonaria,* n. 3, 1968, pp. 261, 262.

Minardi, A. *Con la semplicità e l'umorismo ridimensionava i fatti della vita,* dalla «Gazzetta di Parma», 23 luglio 1968.

Minardi, A. *Il nostro amico Guareschi,* dalla «Gazzetta di Parma», 24 luglio 1968.

Minardi, A. *Tutto quello che non sapete e che vorreste sapere di lui,* dalla «Gazzetta di Parma», 1° maggio 1978, p. 3.

Minardi, A. *Giovannino: «No, non muoio neanche se mi ammazzano!»,* da «Prima pagina», gennaio 1981.

Minardi, A. *Guareschi a dodici anni dalla morte riesce ancora a far parlare di sé,* da «Prima pagina», gennaio 1981.

«Minute» *Don Camillo leur fera voir rouge,* 11 settembre 1964.

«Minute» *Don Camillo au Vatican* (Papa Luciani, *NdR*), n. 855, 30 agosto-5 settembre 1978.

Mo, E. *Il Placido Po di don Camillo e Peppone,* dal «Corriere della Sera» ("Cultura e Spettacoli"), 26 settembre 1996.

Mola, A.A. *Gli sberleffi del «Bertoldo»,* da «Tuttocittà» (allegato alla Guida telefonica di Milano), 1995-1996.

Molossi, B. *Addio, Giovannino,* dalla «Gazzetta di Parma», 23 luglio 1968.

Molossi, B. *L'Italia meschina,* dalla «Gazzetta di Parma», 25 luglio 1968.

Mondrone, D. *Tre autori visti come uomini,* da «Civiltà Cattolica», Roma, 4 maggio 1968.

Montanelli, I. *Die Lügen des neo-Realismus,* da «Die Zeit», Hamburg, 27 novembre 1952, pp. 4, 5.

Montanelli, I. *I rapaci in cortile,* Longanesi, Milano, 1952.

Montanelli, I. (Coltano, A.) *Lettera al Presidente della Repubblica,* da «Il Borghese», 29 ottobre 1954.

Montanelli, I. *Gli italiani si riconoscevano in lui,* dalla «Domenica del Corriere», n. 33, 1968.

Morganti, P. *Guareschi spacca l'Emilia in due,* dalla «Domenica del Corriere», 19 luglio 1986.

Mormino, I. *Addio Giovannino,* da «La Notte», 22 luglio 1968.

Mosca, G. *È morto Giovanni Guareschi - Un uomo solo,* dal «Corriere della Sera», 23 luglio 1968.

Nascimbeni, G. *C'erano una volta Peppone e don Camillo,* dal «Supplemento del Corriere della Sera», 8 maggio 1977.

Nascimbeni, G. *Tra piazza e argine riaffiora il passato,* dal «Corriere della Sera», 23 gennaio 1980.

Natta, A. (*cfr.* **Riotta, G.**)

Nobécourt, J. *Une fable à l'italienne*, da «Le Monde», supplemento, 7 giugno 1987.

Nozza, M. *È l'anno di Guareschi: Contrordine, compagni!*, da «Il Giorno», 21 marzo 1986.

Nutrizio, N. *Caro Giovannino*, da «La Notte», 23 luglio 1968.

Nuvolone, A. *Epitaffio troppo agro per Guareschi*, da «Il nostro Tempo», 25 agosto 1968.

Olivieri, R. *Il padre di don Camillo si è ritirato in campagna*, da «Il Tirreno», 18 ottobre 1952.

Orlando, V. *Scriveva in italiano ma pensava in dialetto*, dalla «Gazzetta di Parma», 1° maggio 1978, p. 3.

Orlando, V. *Oreste del Buono rievoca la favolosa Parma di Guareschi, Pietrino Bianchi e Bertolucci*, dalla «Gazzetta di Parma», 22 luglio 1984.

Pallottino, P. (e Mangini, C.) *Bertoldo e i suoi illustratori*, Ilisso Edizioni, Nuoro, 1994.

Pallottino, P. *Pupazzetti con l'anima e coi baffi. L'opera caricaturale di Giovannino Guareschi*, intervento critico a *Milano 1936-1943: Guareschi e il «Bertoldo»* di A&C Guareschi, R.C.S. Libri & Grandi Opere, Milano, 1994.

Palmaro, M. *Antivigilia di Natale - Guareschi inventa don Camillo e Peppone*, da «Il Cittadino», 21 dicembre 1996, p. 4.

Palumbo, P. *Un muro separa Giovannino da P.P.P.*, da «Lo Specchio», 10 febbraio 1963.

Pantucci, G. *I nostri autori tradotti in inglese sono soltanto tre su mille*, da «Leggiamo» (supplemento de «La Notte», 8-9 ottobre 1964).

Paoletti, P.M. *Guareschi a casa sua*, da «Settimo Giorno», 3 luglio 1958.

Paoletti, P.M. *Guareschi sta scrivendo un'autobiografia immaginaria*, da «Settimo Giorno», 27 novembre 1960.

Parlato, G. «Guareschi, il *Bertoldo* e la crisi del 1943», 1995. Inedito.

Pedretti, P. *Peppone e il triangolo*, dalla «Gazzetta di Parma», 30 settembre 1990.

Pellegrinotti, M. *Il regolamento carcerario e la detenzione di Guareschi*, dalla «Gazzetta di Parma», 5 settembre 1968.

Pellegrinotti, M. *Guareschi e il mondo delle prigioni*, Grafiche STEP, Parma, 1975.

Pensotti, A. *Guareschi è tornato nel suo Mondo piccolo*, da «Oggi», n. 28, 1955.

Perfetti, F. *Ma don Camillo la spunta sempre*, da «Il Settimanale», n. 6, 8 febbraio 1978.

Perillo, D. *Grazie, Sorella (Storia di una donna che per 15 anni ha vegliato il Papa malato, che l'ha fatto sorridere con i film di don Camillo (...)*, da «Sette» («Corriere della Sera»), n. 35, 1995, pp. 23, 25.

Petacco, A. *Dear Benito, caro Winston*, Mondadori, Milano, 1985.

Petacco, A. *La disfida Guareschi - De Gasperi*, da «Il Tempo», 5 ottobre 1993, p. 25.

Pezzani, E. *Vita vagabonda e avventurosa di Giovannino Guareschi*, dalla «Gazzetta di Parma», 10 e 17 marzo 1952, p. 3.

Piasenti, P. *Giovanni Guareschi come l'ho conosciuto nei Lager nazisti*, Ambrosini & C., Verona, 1988.

Piccoli, G. *Pianeta Guareschi. Viaggio attorno ai cinquant'anni di don Camillo e Peppone*, da «Alto Adige», 13 giugno 1996.

Pillon, G. *Speciale da Roma*, da «Il Fogliaccio», n. 5, 1990.

Piras, N. *Grazie di «Cuore» a Guareschi e a Don Camillo*, da «L'Unione Sarda», 1° novembre 1994, p. 11.

Pisanò, G. *Voleva battersi ancora*, da «Il Secolo d'Italia», 28 febbraio 1981.

Placido, B. *Qualunquisti e viaggiatori*, da «la Repubblica», 6 marzo 1981.

Porzio, D. *L'agrario Giovanni Guareschi*, da «Oggi», n. 27, 1953.

Prando, R. *Giuanin senza paüra*, da «Luce», 30 gennaio 1994, p. 18.

Preda, G. *Lettera aperta a Guareschi*, da «Il Borghese», 19 ottobre 1961.

Preda, G. *Il «Chi è» del Borghese*, Ed. Il Borghese, 1961, p. 340.

Predieri, A. *Giovannino Guareschi*, dall'«Osservatore della Domenica», Città del Vaticano, 4 agosto 1968, p. 18.

Pronzato, don A. *Il Natale di un uomo libero*, da «Missione Salute», n. 6/93, pp. 14-17.

Pronzato, don A. *Alla ricerca delle virtù perdute*, da «Missione Salute», n. 1/94, pp. 14-16; n. 2/94, pp. 14-16; n. 3/94, pp. 14-15.

Pronzato, don A. Conferenza (testo) tenuta a Cademario (Svizzera) in occasione della Manifestazione in ricordo di GG, settembre 1994.

Pronzato, don A. *Giovannino (don Camillo) Guareschi*, introduzione al *Breviario di don Camillo*, R.C.S. Libri & Grandi Opere, Milano, 1994.

Quarantotto, C. *La «Rabbia» di P.P.P.*, da «Il Borghese», 25 aprile 1963.

Raboni, G. *Il suo peccato capitale non fu la destra. Fu il non saper scrivere*, dal «Corriere della Sera», 11 dicembre 1992.

Raboni, G. *Un Nobel alla Merini. Perché no?*, dal «Corriere della Sera», 19 maggio 1996, p. 25.

Radius, P. *Don Camillo e Peppone, due ragazzi di cinquant'anni*, da «Famiglia Cristiana», n. 21/1996, p. 139.

Ragazzoni, A. *L'ultimo don Camillo*, dalla «Voce del Sud» (Lecce), 18 gennaio 1997.

Rava, E. *Che cosa pensano i giovani d'oggi*, da «Paese Sera», 5 giugno 1964.

Rendina, M. *L'«equivoco» Guareschi*, da «Vitalità», Torino, settembre 1968, pp. 92, 93.

Rescaglio, A. *Il fascino dei tempi e la sfida delle idee - Il mondo umano ed intellettuale di Giovannino Guareschi. Nuove pagine per scoprire l'immagine di uno scrittore di razza*, Pubblicazioni del Gruppo Culturale «Al Dodas», San Daniele Po (CR), 1996, pp. 67-69.

Ricossa, S. *Come si manda in rovina un paese*, Rizzoli, Milano, 1955.

Righetto, R. *Il piccolo Guareschi*, da «Avvenire», 26 aprile 1988.

Riotta, G. *Ricordi*, dalla recensione all'opera di Alessandro Natta *L'altra Resistenza - i militari italiani internati in Germania*, «Io Donna» («Corriere della Sera»), 15 febbraio 1997, p. 137.

Rizzi, L. *Era un patriota e un uomo «vero»*, dalla «Gazzetta di Parma», 22 agosto 1968.

Rizzi, L. Testo della relazione per il Convegno di Praglia (PD) in occasione del 25° anniversario della scomparsa di GG, Abbazia di Praglia, 12 giugno 1993.

Rizzoli, A. *«Il mio vecchio grande amico Guareschi lascia...»*, da «Candido», n. 45, 10 novembre 1957, p. 3.

Romano, G. *«Ciao, don Camillo!»* (recensione), da «Studi Cattolici» ("Letteratura"), maggio 1996, p. 399.

Roncalli, M. *Giovanni XXIII nel ricordo del segretario Loris F. Capovilla - Intervista di Marco Roncalli*, San Paolo, Milano, 1994.

Rossi, I. *Nei dintorni di don Camillo - Guida al «Mondo piccolo» di Guareschi*, BUR R.C.S. Libri & Grandi Opere, Milano, 1994.

Rossi, I. *Appunti sull'uso didattico del libro «Nei dintorni di don Camillo»*, ibid.

Rossi, I. *Don Camillo sono io - Storie, personaggi e giri nella Bassa di Guareschi*, Ed. Luigi Battei, Parma, 1997.

Salvá, M.F. *Guareschi y los limites del humorismo*, da «Cristianidad» (Spagna), nn. 223 y 224, 1° e 15 luglio 1953.

Salvá, M.F. *El humorismo es el amor*, da «Momento» (Spagna), n. 27, 20 agosto 1953.

Saporetti, C. *Guareschi e la Guaréschia*, testo della conferenza tenuta alla Casa della Cultura di Barcellona il 21 ottobre 1993.

Sargeant, W. *Anti-communist Funnyman*, da «Life» (USA), 10 novembre 1952.

Sartori, I. *Quel piccolo mondo nella Bassa padana*, da «Paese Sera», 8 aprile 1986.

Schreiber, G. *I militari italiani internati nei Campi di Concentramento del Terzo Reich 1943-1945*, Industria Poligrafica Arte della Stampa, Roma, 1992.

Scoppola, P. *Tra Guareschi e Pasolini spunta Fabbri*, da «Letture», dicembre 1994.

Serra, M. *Guareschi assomiglia a Pasolini*, da «Cuore», n. 186, 13 agosto 1994.

Serra, M. *E tutto ritornerà terra*, introduzione a *Don Camillo*, supplemento a «Cuore», n. 186, 27 agosto 1994.

«Settimana del clero», *Satana borghese - Una lettera spalancata all'idioma dell'ambiguità*, 21 aprile 1963.

Simili, M. *Giovanni Guareschi l'ultimo arrabbiato*, da «La Sicilia», 24 luglio 1968.

Simonelli, L. *I quaderni segreti, le lettere e gli scritti inediti di Guareschi*, da «La Domenica del Corriere» (serie), settembre 1984.

Solari, A.G. *Guareschi uno e due*, da «Lo Specchio», 4 agosto 1968.

Sommaruga, C. *Meglio morire da schiavi. Anatomia di una resistenza nei Lager nazisti*, da «Studi Piacentini» (Ist. Storico della Resistenza di Piacenza), Casa ed. Vicolo del Pavone, Piacenza, 1988, p. 202.

Sommaruga, C. *50 anni di bibliografia (1945-1995) sull'internamento e la deportazione dei militari italiani nel Terzo Reich nel 1943-1945*, Archivio dell'Internamento Sommaruga, Milano, 1996.

Spinazzola, V. *Il segreto di don Camillo: un falso «dialogo» qualunquista*, da «Vie Nuove», 23 dicembre 1965.

Sughi, C. *Sul Po di Guareschi solo fede ruspante*, da «Il Resto del Carlino», 15 novembre 1996.

Susta, E. *Giovannino Guareschi uomo e scrittore*, testo della relazione fatta agli scolari della Scuola Media di Isola Dovarese (CR) in occasione dell'inaugurazione della Mostra antologica «Tutto il mondo di Guareschi», 22 maggio 1993.

Tedeschi, M. *Il vero Giovannino*, da «Il Borghese», 1° agosto 1968.

«The Times» - (Literary Supplement), *Behind wire* (recensione a *My secret diary* di GG), London, ottobre 1958.

Tondelli, P.V. *Ricordando fascinosa Riccione*, volume realizzato in occasione della Mostra omonima, Grafis Edizioni, 1990.

Tondelli, P.V. *Un weekend postmoderno*, Bompiani, Milano, 1990, pp. 504-506.

Torelli G. *Solo, tra i suoi re*, da «Grazia», 3 febbraio 1963.

Torelli, G. *Andava in giro con lo schioppo per non sembrare sentimentale*, da «Grazia», 14 agosto 1968.

Torelli, G. *La Parma voladora*, Camunia, Firenze, 1996, p. 436.

Tortora, E. *Il capitano coraggioso*, dalla «Gazzetta di Parma», 22 agosto 1968.

Truzzi, A. *Le vite di Guareschi*, da «Il Secolo d'Italia», 12 maggio 1996.

Truzzi, A. *Intervista a Messori* (testo integrale) del novembre 1996.

«Tuttolibri» («La Stampa»), *Hanno votato in diecimila: il Gattopardo è il più riuscito, Don Camillo il più amato* (referendum sui personaggi dei romanzi negli ultimi cent'anni), 30 luglio 1989.

«Unites States Information Service» *Il successo americano dell'ultimo libro di Guareschi*, 13 dicembre 1950.

Valponte, G.M. *Il signorguareschi*, da «La Corda», Torino, ottobre 1952.

Venè, G.F. *Don Camillo, Peppone e il compromesso storico*, Sugarco Edizioni, Milano, 1977.

Venè, G.F. *L'ideologia piccolo-borghese*, Marsilio, Venezia, 1980.

Vesco, A. *Adalbert Seipolt, lo scrittore benedettino tedesco che insegna a chiedere al Signore «il dono dell'umorismo»*, da «Il nostro Tempo», 8 ottobre 1964.

Vicentini, G. *La capacità di far nascere un sorriso tra i reticolati*, da «Il Tempo», 30 maggio 1989.

Vicentini, G. *Se mia madre mi ha indicato Dio, mio padre me lo ha spiegato*, da «L'Osservatore Romano» - Terza pagina, 20 dicembre 1996.

Vigliero Lami, M. *Giovannino, Zvanì e Giosué - Piccole divagazioni su Guareschi, Pascoli e Carducci*, da «Il Fogliaccio», n. 13, aprile 1994.

Vigorelli, G. *Diego Fabbri e la "Storia Sacra" di noi contemporanei* - Saggio introduttivo all'opera *Processo a Gesù* di Diego Fabbri, Vallecchi, E. Firenze, 1956, p. 111.

Villari, S. *I nostri ospiti: Giovanni Guareschi*, da «Osterreichische Schulfunk», marzo 1966, pp. 54-56.

Volland, R. *(cfr.* **Borgsen, W.***)*.

Vonmetz Schiano, G. *Molti insulti, molto onore*, da «Alto Adige», 31 luglio 1988.

Vonmetz Schiano, G. *Quelle lettere che minarono due esistenze* e *Anche San Giovannino - «Paradosso ma non troppo»*, da «Alto Adige», 8 dicembre 1996, p. 3.

Wasley, S. *Don Camillo non si ferma*, da «Libelle», Bruxelles, 7 dicembre 1954.

Zucconi, G. *I fantasmi di Guareschi*, dalla «Domenica del Corriere» ("Confidenze del Direttore"), 28 agosto 1966, p. 4.

TESI

Amigoni, G. *Don Camillo di Guareschi: un'analisi linguistica.* Tesi di laurea in Lettere Moderne. Facoltà di Lettere e Filosofia, Università Cattolica del Sacro Cuore di Milano, relatore prof. G.A. Papini. Anno Accademico 1994-1995.

Bigliardi, S. *Il caso Guareschi.* Tesi di laurea in Lettere Moderne. Facoltà di Lettere e Filosofia, Università degli Studi di Parma, relatore prof. Carmine Ventimiglia. Anno Accademico 1995-1996.

Castagnetti, M. *Cinema e letteratura popolare negli anni Cinquanta: la saga di don Camillo.* Tesi di laurea in Storia e Critica del Cinema, Università Cattolica del Sacro Cuore di Milano, relatore prof. Francesco Casetti. Anno Accademico 1990-1991.

Concari, A. *La vita e le opere di Giovannino Guareschi.* Tesi di laurea in Lettere Moderne. Facoltà di Lettere e Filosofia, Università Cattolica del Sacro Cuore di Milano, relatore prof. Mario Apollonio. Anno Accademico **1969-1970**.

Croce, E. *L'opera di G. Guareschi tra romanzo popolare e ideologia piccolo borghese.* Tesi di laurea in materie letterarie. Facoltà di Magistero, Università degli Studi di Padova, relatore prof. Cesare De Michelis. Anno Accademico 1975-1976.

Dotti, A. (*cfr.* **Guidetti, G.**)

Dzieciolowka, M. *Il linguaggio di Giovannino Guareschi.* Tesi di laurea in Lingua e Letteratura italiana, Università di Varsavia, supervisione della prof.ssa Elizbieta Jamrozic, Anno Accademico 1994-1995.

Gallo, A. *Lettere a Giovannino Guareschi: 1947-1953.* Tesi di laurea in Storia Contemporanea, Facoltà di Lettere e Filosofia, Università degli Studi di Bologna, relatore prof. Luciano Casali. Anno Accademico 1994-1995.

Guidetti, G. (& Dotti, A.) *Giovannino Guareschi e la difesa dei valori umani e cristiani.* Prof. Francesco Salvarani. Studio Teologico Interdiocesano di Reggio Emilia, Guastalla, Modena, Nonantola, Carpi. Anno Accademico 1994-1995.

Koch, O. *Kultur als Überlebenshilfe - Giovannino Guareschi als «Italienischer Militär-internierter» (IMI),* Neuere Sprach - und Literaturwissenschaften Fachrichtung 8.2 - Romanistik, Universität des Saarlandes, Saarbrücken Fachr. 8.2, prof. Susanne Kleinert, gennaio 1997.

Majoli, I. *L'opera di Guareschi: il mondo umano, poetico e spirituale di uno «scrittore» e di un uomo «vero».* Tesi di laurea in Pedagogia, Facoltà di Magistero, Università Cattolica del Sacro Cuore di Milano, relatore prof. Antonia Mazza Tonucci, Anno Accademico 1991-1992.

Morgano, L. *La Rabbia (1963) di Giovannino Guareschi.* Tesi di laurea della Facoltà di Lettere e Filosofia. Università degli Studi di Pavia, relatore prof. A. Lino Peroni. Anno Accademico 1995-1996.

Stringa, R. *Il padrone sono me - Angelo Rizzoli e il cinema 1934-1970.*

Estratto di Tesi di laurea Università Commerciale «Luigi Bocconi», Facoltà di Economia e commercio, Corso di laurea in Economia politica, relatore prof. Marzio A. Romani, Anno Accademico 1991-1992, pp. I-III, 146-170.

Tavacca, A. *I film di don Camillo.* Tesi di laurea della Facoltà di Magistero, Università degli Studi di Parma, relatore prof. Roberto Campari, Anno Accademico 1993-1994.

Tomasi, V. *Giovannino Guareschi e il sentimento del tragico.* Diplomatarbeit aus Literaturwissenschaft, Leopold Franzens Universität Innsbruck, Herrn o. Univ. prof. Hans J. Müller, Institut für Romanistik, giugno 1992.

Visentin, L. *Evangelizzare. («Le piacerebbe avere in parrocchia un prete come don Camillo?»).* Estratto di Tesi di Qualificazione in Dottrina Sociale, Istituto Regionale di Pastorale, Padova, docente prof. Fabio Longoni. Maggio 1995.

SITI INTERNET

http://www.msoft.it/ass/club23/princgg.htm
http://www.vol.it/newcom/club23/23club2.htm
http://www.geocities.com/Athens/6664/new.htm
http://www.bcnmultimedia.com/contel.htm (in lingua catalana)
http://www.cli.di.unipi.it/~arioli/guareschi.html

L'elenco cronologico delle opere e la bibliografia essenziale, orientativa e senza pretese di completezza, sono a cura del «Club dei Ventitré», associazione che vuole essere un punto di riferimento per tutti gli amici di Giovannino Guareschi.

La Segreteria del «Club dei Ventitré» è a disposizione di tutti per informazioni e per la consultazione del materiale elencato, disposto sia in ordine alfabetico che cronologico, e integrato da una serie di altri elementi (note di colore, curiosità, aneddoti).

Club dei Ventitré - 43010 Roncole Verdi (PR)
Tel. 0524/92495
Fax 0524/91642
Mailbox **pepponeb@tin.it**

L 09431262

IL COMPAGNO DON
CAMILLO
8°EDIZIONE
GIOVANNINO
GUARESCHI

R.C.S.LIBRI
S.P.A. MI

S 00001368

BUR
Periodico settimanale: 21 giugno 1999
Direttore responsabile: Evaldo Violo
Registr. Trib. di Milano n. 68 del 1°-3-74
Spedizione in abbonamento postale TR edit.
Aut. N. 51804 del 30-7-46 della Direzione PP.TT. di Milano
Finito di stampare nel maggio 1999 presso
il Nuovo Istituto Italiano d'Arti Grafiche - Bergamo
Printed in Italy

ISBN 88-17-11394-8